幸福はなぜ
哲学の問題に
なるのか

青山拓央

homo Viator

太田出版

幸福はなぜ哲学の問題になるのか

青山拓央

太田出版

幸福はなぜ哲学の問題になるのか〈目次〉

Ⅱ

III

はじめに

「幸福とは何か」という問いへの答えは、それがどんな答えであろうと反発を受けることが避けられません。断定的な答えはもちろん、幸福とは人それぞれのものだといった答えでさえ、批判を避けられないのです。その理由は、「幸福」という言葉が多義的でありながら、他方でその多義性を自ら打ち消し、私たちを均質化しようとする奇妙な力をもっているからです。

本書は幸福についての哲学の本であり、幸福とは何かを――なぜその問いに十全な答えがないのかを――読者とともに考えていく本です。そうした手探りの思考については、第2章と第6章でおもに進められています。とはいえ、本書のその部分だけを読み他章を読むことがなければ、おそらく物足りなさが残るでしょう。幸福のより血の通った部分、より日常的で断片的な部分は別の章で取り上げられており、そのため著者としては最初の章から順に読まれることを期待しています。

ところで哲学とは――世間に広まったイメージとは異なり――気の利いた警句でひとを酔わせたり煙に巻いたりするものではなく、自説の正しさを疑いながら少しずつ考えをつないでいくものです（たとえば、『プラトンとの哲学　対話篇を読む』（納富信留、岩波新書）第7章で述べられているように）。その意味で、「哲学」的と言われている著名な幸福論の多くは、実はそれほど哲学的ではありません。たとえばアランの『幸福論』は、人々を勇気づける良書ではあっても、哲学書であるとは言いがたいものです（→第6章：ホワイ・ビー・ハッピー）。

幸福についてわざわざ考え、それを文章にすることは、理論化と断片化のそれぞれの誘惑と闘うことです。頭で作った単一の幸福を絶対のものとして奉じるだけでは、あるいは、日常に散らばる幸福を個別のものとしてスケッチするだけでは、書き手は責任を果たしたと言えません。自分にはこれだけの理論化ができ、同時にこれだけの断片が残った――、こうして書き手の非力さを公にするかたちで書くのでなければ、それは教説か文芸のいずれかになってしまうでしょう（そして教説や文芸を書くなら、それ自体として書いたほうがよいでしょう）。本書はまさにその意味で著者の非力さを露呈した本ですが、理論と断片との隙間を読者が自由に埋められるよう、できるだけ工夫したつもりです。

三つの問い

幸福についての問いには、少なくとも次の三つがあります。幸福とは何か。いかにして幸福になるか。そして、なぜ幸福になるべきか――。これらの問いはつながり合っていて、どれか一つに答えようとすると、他の問いにも答えることになります。

私たちが何より知りたいのは第二の問いへの答えですが、研究者にとって――私と同じ哲学研究者を含めて――この問いは答えづらいものです。「いかに」の問いに答えるには、「何」の問いにかなりの程度、答えておく必要がありそうですが、多くの学術研究ではその段階で時間切れとなります。幸福をうまく定義したり、その「量」を測る方法を示したりすることが、非常に難しいからです。

プロの研究者の目から見ると、「何」の問いに安易に答えを出さず、丁寧な検討を重ねていくことは学問的な誠実さの現われです。しかし、いま実際に幸福を渇望している人々は、そうした誠実さよりも、何らかの指針を欲しています。天下り式に与えられた指針であっても、ないよりはましだというわけです。こうして、「いかに」の問いへの回答は、人生論や宗教に求められていきます。

心理学における幸福研究では、学問的に「いかに」に答える試みが次第に実を結びつつありますが、その大きな理由の一つは、「何」にこだわらない方法の採用にあります。すなわち、ある人の幸福の「量」を、当人の自己申告――どのくらい自分は幸せか（満足しているか）――によって測るという方法が、そこではしばしば採られるのです。もし、こうした方法を採るなら、どのような条件によって幸福の「量」が増減しやすいかが分かり、それは「いかに」の問いに対する一定の答えを与えてくれるでしょう（→第3章：心理学の助言）。

しかし、こうした方法を採りつつも、心理学者の多くは「何」の重要性をきちんと認識しています。そして、自己申告による幸福の測定が、ちょっとした余計な要因でぶれてしまうことも、心理学では確かめられています（たとえば、申告をしている部屋の美醜が申告内容に影響してしまうこと等）。

「なぜ」の対立

さきほど私はこう述べました。「いかに」に関する天下り式の指針は、人生論や宗教に求められていくと。その求めに応じて具体的な「いかに」が与えられるとき、人生論や宗教は「何」についても天下り式の答えを与えているものです。つまり、幸福とは他者との連帯であるとか、幸福とは心の平穏であるとかいった答えを。

ここで、次のことを考えてみてください。幸福とは金持ちであることだとか、幸福とは健康であることだとかいった「何」が天下り式に与えられたとして、お金や健康のための「いかに」が示されたとき、私たちはそれを幸福についての「いかに」として受け止めるでしょうか。おそらく、そうではないでしょう。しかし、これは不思議なことです。他者との連帯や心の平穏についての「いかに」が、お金儲けや健康増進についての「いかに」に置き換えられると、なぜそれは幸福についての「いかに」として受け止めがたくなるのでしょうか。

二つの理由が考えられます。第一の理由は、他者との連帯や心の平穏といったものが漠然としている点にあります。それらは漠然としているぶん、深さや重さを感じさせ、個別的で実利的な話題とは違った印象を与えます。もし他者との連帯などについても、その「いかに」を具体的なものに細分化したなら――たとえば上手に会話をするコツなど――深遠さは消えてしまうでしょう。

第二の、より重要な理由は「なぜ」の問いに関わっています。なぜ幸福になるべきかという問いは、一見したところは奇妙です。だれもが幸福になりたいのは当たり前であり、私たちは、幸福になるべきだから幸福になりたいのではなく、幸福になりたいから幸福になりたい――要するにたんに幸福になりたい――のだと言いたくなるからです。しかし、「何」の問いをふまえて「なぜ」の問いを見直すと、話はそう簡単ではありません。

「何」の問いにはさまざまな回答の余地があり、それらは漠然としたものから実利的なものまで多様です。そしてその多様な「何」の数だけ、「なぜ」の問いも成り立ちます。つまり、幸福1、幸福2、幸福3……といった「何」の各々に関して、なぜ幸福1になるべきか、なぜ幸福2になるべきか……といった「なぜ」が問われることになるのです。

金持ちであることは本当の幸福とは違う、と述べる人々は、それが幸福の一要素になりうることを否定しているのではなく、だれもが金持ちになるべきだ、といったかたちで幸福が理解されることを拒んでいます。とくに、他の幸福の要素——たとえば連帯——を犠牲にしてまで金持ちになるべきだ、といったかたちで。このとき人々は、表面的には「何」について争いながら、根底では「なぜ」について争っています。もしそうでないなら、多様な「何」が述べられたとしても、ただそれだけのことにすぎません。「本当の幸福とは違う」といった批判を、わざわざする必要もありません。

「幸福とは何か」という問いへの答えが、どんなものであれ、反発を避けられない理由もここにあります。どれほど個人的な幸福についても、それが「幸福」として語られたとたん、聞き手はそこに「なぜ」の強制を読み取り、他の「なぜ」のもとで反発したくなるのです（第2章ではこの問題が、幸不幸という概念の「規範化」、あるいは「正邪化（せいじゃ）」として論じられています）。

主観と客観

哲学者のトマス・ネーゲルは、こんな話を書いています。――聡明な大人の男性が頭に怪我をし、幼児のような精神状態になってしまった。しかし彼は満ち足りた「幼児」で、みんなに優しく世話をされながら、食べたいときに食べ、遊びたいときに遊んで暮らす。彼の心の中だけを見るなら、幸福感に包まれている。「彼」は、自分に与えられているものに満足し、そこから喜びを得ています。ある人が幸福であるとは、当人が幸福だと感じることであるなら、「彼」は幸福かもしれません。しかし私たちは普通、彼が幸福だとは思わないでしょう。彼のようになりたいかと問われて――あるいは、大切な人に彼のようになってほしいかと問われて――同意する人はごくわずかでしょう。ここには、主観的な幸福と客観的な幸福のずれが現われています（→第2章：手をたたく）。

通常、主観と客観とがずれた場合には、主観のほうが錯覚で客観のほうが真実だと言えますが、幸福についてはそう言いきれません。先述の例と対照的な、次のような状況を考えてみましょう。頭が良く、容姿も良く、身体健康で財産もある一人の女性が、周囲の人々に愛され仕事でも十分に活躍しつつ、なぜか満ち足りない精神状態に陥り、主観的には不幸で堪らない状況。客観的に見て、彼女が不幸である理由を見つけることは困難ですが、だからといって、彼女は本当は幸福であると言いきることはできません。

少し教科書的な話をすると、現代哲学における幸福の議論には、三つの代表的な説があります。そのうち、「快楽説」と「欲求充足説」と呼ばれる立場ではおもに主観的な観点から幸福が理解されており、「客観的リスト説」と呼ばれる立場では、その名の通り、客観的な観点から幸福が理解されています（→第6章：ホワイ・ビー・ハッピー）。

快楽説によれば快楽こそが——肉体的な快楽だけでなく精神的な快楽を含めた——幸福を形成します。快楽とは何かをめぐってはさまざまな見解がありますが、どの見解を採るにせよ、快楽とはまずは主観的なものです。また、欲求充足説では、快楽を得ることではなく欲求を満たすこと（別の表現で言えば、選好を充足すること）が幸福であるとされますが、欲求もやはり各人が主観的に有しているものです。そのため、これらの主観的な説では、どんな快楽を得た場合でも、どんな欲求が満たされた場合でも、当人は幸福だということになります。客観的に見てどれほど奇妙な快楽や問題のある欲求充足についても、それらは本当の幸福ではないとして退ける根拠は、ここにはありません。

他方、客観的リスト説によれば、幸福な人生には満たされるべき「客観的なよさ」のリストが存在します。たとえば、安全な住居で暮らすことや、他者との良好なつながりをもつことなどが、そのリストには入っているかもしれません。しかしすぐに思いあたる疑問は、どうやってそのリストを作るのか、というものでしょう。リストの項目は快楽や欲求からの独立性をもっており、それゆえ当人にとって不快であったり望まなかったりするものがリストには含まれている可能性があります。この意味で、客観的リスト説は一種の押し付けになりかねず、それを押し付けでないものにするには、「なぜ」の問いに答える必要があります（第6章ではこの問題を、「なぜ」と「何」の問いのもとでの「共振」に目を向けて検討しています）。

書店にはたくさんの「幸せになる」ための本が並んでいます。世界中で読み継がれている本もありますし、すぐに消えてしまう本もありますが、内容の良しあしとは別に、そうした本は大きく二種類に分かれます。「上昇」について書かれた本と、「充足」について書かれた本とにです。

「上昇」とは、収入や地位やその他多くのものの向上を意味します。技能や健康状態の向上もそこには含まれています。もう一方の「充足」は、いま与えられているものの価値を認識し、それを十分に味わうことで、満ち足りた気持ちになることを意味します。充足の側から上昇を見れば、いつでも何かに追われているようで、上昇の欲求にはきりがありません。そこで得られる幸福は、表面的で壊れやすいものに見えます。しかし、上昇の側から充足を見れば、それは自分をだますことであり、社会的成功への原動力を私たちから奪うものです。

主観的幸福と客観的幸福の区別は、いま見た「充足」と「上昇」の区別に、部分的に対応しています。現在の環境に充足できる人は、たとえその環境に欠けたものがあっても、主観的な幸福感を得ることができるでしょう。他方、社会的な上昇を続ける人は、自分の環境を客観的なかたちでより良いものに変えていけるでしょう。これはちょうど、世界の見方を変える生き方と、世界の在り方を変える生き方の違いとして、理解することができます。

幸福に生きたいと願う人は、ときに、上昇と充足との微妙な選択を迫られます。今の仕事を続けるべきか否か、今の恋人と結婚するべきか否か等々、そこには上昇と充足との具体的な選択があるのです。「幸せになる」ための本の多くが一時的な効果しかもたらさないのは、上昇と充足のいずれかの観点に偏りすぎているせいでしょう（そこにはしばしば、書き手の国民性が反映されています）。もちろん理想的なのは両者のバランスを取ることですが、難しいのはまさに、そのバランスの取り方です。たんにバランスを取るべきだと言っても、個々の選択の場面において何をすればよいのかは分かりません。

アリストテレスは倫理学を「習慣（エトス）」の学として規定しました（→第1章：中庸と習慣）。彼はとりわけ「中庸（ちゅうよう）」に関して、幸福に生きるために必要なそれは、理詰めの証明によってではなく、習慣の洗練によって得られると述べました。アリストテレスの倫理学は客観的リスト説と親和的に――一種のエリート主義として――理解されることもありますが、私としては、上昇と充足とのバランスの取り方、あるいは客観と主観とのバランスの取り方に関しても、彼の中庸論は正しいと考えています。というのも、ある人にとって最適な上昇と充足とのバランスの取り方は、その人固有の資質や環境や運に大きく左右されるため、日々の成功と失敗のなかで習慣を洗練させていく以外に、よいバランスの取り方は見つからないからです。

だからこそ、天下り式にではなく「いかに」の問いに答えることは難しく、人生論においてはしばしば、語り手が実際に成功をしたという体験談のかたちでのみ、バランスの取り方の「いかに」が述べられます。そうした「いかに」はどうしても結果論の側面をもってしまうため、一般論として聞くことには限界があります（↓第4章：成功者の助言）。

本書について

幸福をめぐる三つの問いのうち、本書の約半分は「何」の問いを、残りは「いかに」と「なぜ」の問いを扱っています。学術論文のように形式ばった書き方はしていませんが、専門家の方にも価値のある話を各所に含めたつもりです。参照文献に関しては手に入りやすく読みやすいものを優先的に記しましたが、いくつか挙げた専門論文もインターネットでそのほとんどが読めます（書誌情報・頁番号については、筆者所有の版に準拠しました）。なお、本文のなかで人名を挙げることがありますが、肩書がとくに述べられていない場合は、哲学者であると考えてかまいません。

第2章と第6章についてはすでにいくらか述べましたが、残りの章についても簡潔にその内容を見ておきましょう。第1章はそれだけで一つの完結した話となっており、ある重要な、ただし唯一のものではない「幸福」の意味が論じられています。第3章と第4章は直線的な議論からこぼれた断片を――具象的になりすぎないように留意して――ゆるやかな連関のもとで並べた章で、つづく第5章は小さな子ども宛ての「付録」です。

最終章の第7章は、すべての方が読む必要はありません。事実、本書の草稿はもともと第6章までで、内容的にもそこで終わっています。そのうえで、あえて第7章を書いたのは一種の楽屋裏を見せるためですが、それを見ることで一部の方は本書が実は何の本だったかを知るでしょう。第7章は同時に、筒井康隆氏の小説『モナドの領域』への特殊な論評にもなっています。

（〈はじめに〉にて紹介した心理学的な知見については、〈第3章：心理学の助言〉で挙げる複数の著書を参照しています。また、現代哲学における幸福の三説の区分（上述した、快楽説・欲求充足説・客観的リスト説の区分）は、〈第2章：世界と時制〉で挙げるデレク・パーフィットの著書が、その先駆けとなっています。）

I

第1章　幸福であるとはどのようなことか

幸福と不幸の対

大学での講義中に、こんな課題を出したことがあります。白紙を縦線で半分に区切り、片方には「幸福」から連想する言葉を、もう片方には「不幸」から連想する言葉を、好きなように書いてもらったのです。さらに、左右の欄に反対の意味の言葉があれば、それらを線で結ぶことにしました。もし興味があれば、この続きを読む前にみなさんも書いてみてください。

あらかじめ予想されたように、記入紙の左右の欄には、自分自身や環境についての対となる状態がたくさん書かれていました。つまり、健康―病気、金持ち―貧乏、笑う―泣く、愛される―愛されない、といった対です。これらは、人物がある時点でもつ性質の対として理解できます。

興味深いのは、こうした対になっていない記述です。幸福の欄に書かれ、不幸の欄にその対をもたない言葉は、何かをすることの表現でした。たとえば、ゲームをする、ピアノを弾く、猫と遊ぶ、といったものです。たしかに、ゲームをすることが幸福だからといって、ゲームをしないことが不幸だとは言えません。不幸の欄に書くことができるのは、たとえば「ゲームができない」「ゲームをさせてもらえない」といった不自由さの表現ですが、これらと正確な対になるのは、「ゲームをする」ではなく「ゲームができる」のような自由さの表現です。

不幸の欄にはそもそも、何かをすることの表現がほぼ皆無でした。一見、それに似た表現はあるのですが、それらは「早起きする」「無給で働く」「嫌いな人といっしょに居る」といったものであり、実際には、何かをすることではなく、何かをさせられることや、何かをしなければならないことの表現だと言えます。早起きをさせられるのは不幸ですが、早起きをすること自体は不幸ではありません（好んで早起きをする場合もあるでしょう）。

こうして幸福の欄と不幸の欄には、非対称性が現われます。前者には、健康や金持ちのような性質的な状態のほかに、何かを自由にできること、そして、何かをすることそのものが書かれているのに対し、後者には、病気や貧乏のような性質的な状態のほかに、何かをさせられていること、不自由であること、といった受動的な不幸が書かれているのです。病気や貧乏といった状態も、望んでなるものではない以上、不幸の欄に書かれたことがらは総じて、外からやって来たものとなっています。

ラッセルの「熱意」

私はこの結果を見て、改めて、有名な『ラッセル幸福論』の構成上の狙いを理解できました。ラッセルの幸福論は大きく二部に分かれており、第一部ではさまざまな不幸の要因が、第二部ではさまざまな幸福の要因が分析されています。不幸の要因のかなり長い分析——全部で九章分——から始まるこの構成は、幸福論として珍しいものですが、同書がそうあるべき理由を知ることができたのです。

ラッセルは同書の第一部各章で、バイロン風の不幸（知的な悲観主義・厭世（えんせい）主義）、社会的競争への中毒、退屈からの逃避、興奮の追求、さらには、精神的な疲れ、ねたみ、罪の意識、被害妄想、世評に対するおびえ、を論じています。ここで興味深いのは、それらの項目の多くが、自ら何かをすることと結びつけられている点です。つまり多種多様な不幸を、外からやって来るものではなく、行為や態度によって内側から作り出されるものとして描いているのです。疲れやおびえのような、自発的に得たようには見えないものについてもなお。

他方、同書の第二部では幸福の要因が語られるのですが、その中心的な思想は第十一章「熱意」に見ることができます。少し長くなりますが、ラッセルの一節を引用することにします（［…］は引用者による中略。以下同様）。

熱意とはどういう意味であるかを理解するには、たぶん、人びとが食卓についたときのふるまい方の違いを考えてみるのが一番よいだろう。［…］健康な食欲をもって食べはじめる人たちがいる。食べ物を喜び、十分に食べれば、そこでおしまいにする。［…］空腹の食べ物に対する関係は、熱意の人生に対する関係に似ている。食事に退屈している人は、バイロン風の不幸の犠牲者に相当する。義務感から食べる病人は、禁欲主義者に、大食漢は、官能主義者に相当する。美食家は、人生の快楽の半分は美的でないと難癖をつける気むずかし屋に相当する。奇妙なことに、これらすべてのタイプの人たちは――もしかしたら大食漢は別として――健康な食欲の持ち主を軽蔑し、自分のほうがすぐれた人間だと思っている。彼らには、腹がへったから食事をおいしく食べるとか、おもしろい見ものや驚くべき経験を種々提供するから人生をエンジョイするなどというのは、下品なことに思われる。幻滅の高みからそんな人びとを見おろし、単純なやからだとさげすんでいる。私としては、こういう見方には賛成しない。私に言わせれば、幻滅はおしなべて一種の病気である。

（『ラッセル幸福論』、安藤貞雄訳、岩波文庫、一七四―一七五頁）

ラッセルはこの一節に続けて、世界のさまざまな対象に――イチゴであろうとフットボールであろうと――熱意（zest）のある興味をもつことをすすめます。そして、自分自身にばかり目を向け、外の対象への熱意を失った人物を、不幸なソーセージ製造機にたとえます。その製造機は、見事な豚肉のソーセージを作り出す精巧な仕組みをもっていたのですが、あるとき自分自身の内部の仕組みのほうが豚肉などよりずっと高級だと感じ、ソーセージを作ることを止め、内部の研究にとりかかるのです。

本来の食物が入らなくなると、彼の内部は機能しなくなった。そして、研究すればするほど、内部はからっぽでばかげたものに見えてきた。〔…〕精巧な装置は、すべて止まってしまい、これでいったい何ができるのか、彼には見当がつかなくなった。

（ラッセル前掲書、一七七頁）

ラッセルは第十五章「私心のない興味」でも、関連の深い話をしています。ソーセージ製造機の例には自己愛の過剰が見られましたが、より実利的な自己への関心、つまり自分の生活への現実主義的な関心についても、よく似た指摘がなされるのです。

そこでは、神経過労の大きな原因が、自分の仕事や家庭といった現実生活への埋没に求められます。自分の生活において実際的な重要性をもたない物事に興味をもてなくなった人々は、意識的にも無意識的にもさまざまな心配から心が離れず、休息を得ることができない、というわけです。その結果、疲れれば疲れるほど外部への興味は薄れ、外部への興味が薄れるにつれて、ますます疲れてしまいます。

仕事が家庭内にある主婦の場合、そうでない人々よりもずっと、生活の外部に目を向けて休息を得ることは難しいとラッセルは言います。主婦の場合、仕事の場所とそうでない場所とを行き来することができず、つねに「職場」にいるからです。いまから八〇年以上前にイギリスで述べられたこの見解は、次の一節と同様に、現在の日本の主婦（主夫）にもかなりの程度当てはまるものでしょう。

次のことは、彼女が受けなければならないあらゆる不当なしうちの中でも、最も有害なものである。すなわち、家族に対して義務を果たした結果、家族の愛情を失ってしまった、ということだ。これに反して、もしも家族のものをほったらかしにして、陽気でチャーミングなままでいたなら、おそらく、家族のものは彼女を愛したことだろう。

（ラッセル前掲書、二一〇頁）

自発的な嫉妬

熱意についてのラッセルの洞察は含蓄に富むものですが、引用された箇所だけを見れば、やや陳腐にも見えるでしょう（これ自体が先述の「美食家」的な感想ですが）。しかし、この熱意へのすすめは本来、第一部の不幸論を精読したうえで、それとの対比のもとで味わうべきものです。つまり、各種の不幸――退屈、疲れ、ねたみ等々――が自らの行為によって作り出されること、とくに自己への過度の注目がそれを加速させることを実感したとき、「では代わりに何をするか」という関心のもとで、第二部は読まれるべきなのです。

私たちは不幸を外からやって来るもの、不意にふりかかってくるものと見なす傾向があります。そのような不幸はもちろんあり、災害のような重大な不幸はまさに「ふりかかってくるもの」ですが、しかし、「極端な外的不幸の原因のない人たち」（ラッセル前掲書、一四頁）にとっての不幸は、ラッセルの助言によって軽減しうるでしょう。

ところで、あの課題において学生たちが、不幸の欄に自発的な行為を書かなかったのはなぜでしょうか。最大の理由はやはり、不幸を「ふりかかってくるもの」と見なし、自分自身が不幸を作り出している可能性を考えない点にあるのでしょうが、しかしここには微妙な問題もあります。

一つは概念上の問題であり、何かを自らするからには、当人にとってそれは「よい」ことのはずだ、というもの。ここでの「よい」は道徳的な意味に限らず、たとえば泥棒がお金を盗むことも、体に悪いと思いながらタバコを吸うことも、当人にとって何らかの意味で「よい」と言えます（儲かる、美味しい等々）。では、こうした広い意味での「よさ」をいっさい求めずに、人間が何かをすることがありうるでしょうか。その場合は「する」ではなく、「させられる」「わざとではなく、してしまう」などと言われるのではないでしょうか。

何かを「する」ことがつねに「よさ」を希求し、幸福とは何らかの「よさ」の実現であるなら、幸福の欄にのみ自発的な行為が書かれていたのは自然なことでしょう。そしてむしろ、不幸の欄にそうした行為を書くことのほうが奇妙となります。

この観点から考えるなら、自ら「する」ことではなく「早起きする」のような「させられる」行為のみを不幸の欄に書いた学生たちは、正しかったのかもしれません。

もう一つの問題は、自己欺瞞（ぎまん）についてのものです。ラッセルの挙げた不幸の要因のうち、ねたみや被害妄想ゆえの行為が不幸を招くことは、多くの人が認めるでしょう。しかし自分がそうした行為をまさにしているとき、その時点において、自分がそうしていることを知っている人がどれだけいるでしょうか。ねたみや被害妄想が深刻なものであればあるほど、当人は自己欺瞞（自分自身をだましている状態）に陥り、そんな行為などしていないと強く信じるのではないでしょうか。

たとえば無名のダンサーが人気のあるダンサーをねたむとき、嫉妬ゆえになされ嫉妬をさらに助長する行為、たとえば人気のあるダンサーへの悪口は、多くの場合、意図的な悪口としては発せられていません。それは悪口ではなく「正当な」批判であると、当人は考えているのです。被害妄想についても同様であり、ラッセルの次の一節のように、本人は自分の正当性を信じているのが普通です。

私が劇作家であるとしよう。[…]なぜか私の戯曲はめったに上演されないし、上演されても成功しない。この奇妙な事態をどう説明したらいいのか。明らかに、なんらかの理由で、マネージャー、俳優、批評家がぐるになって私に反対しているのだ。その理由は、もちろん、私自身にとって大いに名誉となるものだ。つまり、私は演劇界のお偉がたにぺこぺこしなかった。批評家におせじを言わなかった。私の劇は聞きたくない真実を含んでいるので、思いあたるふしのある人たちには耐えられないのだ。だから、私の卓絶した美点は、認められないままにしぼんでいくのだ。

（ラッセル前掲書、一二六―一二七頁）

作家・編集者のジョゼフ・エプスタインは、「嫉妬の成分のひとつは、正義を愛する気持ちだ」というウィリアム・ハズリット（作家）の一文を引きつつ、それは一理ではあるけれども「一理にすぎない」と述べています。「嫉妬は正義への愛情以上に、個人的な感情をたびたび口に出す」（『嫉妬の力で世界は動く』、屋代通子訳、築地書館、三三頁）。しかし、嫉妬の自己欺瞞性の核心は、個人的な感情を正義への愛情と信じて口に出す点にあり、この「正義」への強烈な愛情こそ、嫉妬の最高の栄養源なのです（こうして、嫉妬による私憤はしばしば、公憤として表明されます）。

自己欺瞞の傾向が私たちにとって根強いものである以上、嫉妬などに由来する行為が不幸の欄に書かれないのは自然なことでしょう。そうした行為をあえて書くことのできる人物は、すでにそうした自己欺瞞を脱することのできた人物であり、そして逆説的ですが、そうした人物にとっては嫉妬が、幸福への手がかりにさえなりえます。というのも、当人が自分の嫉妬に気づき、それ以降、嫉妬するたびにそのことを自覚するようになったなら、それは正しい現実認識への大きな一歩となるからです。その意味では、「私は嫉妬したことがない」と思っている人物よりも、「私はときどき、少し嫉妬する」と思っている人物のほうが、害のない向上心をもちやすいかもしれません。

経験と倫理

アリストテレスの『ニコマコス倫理学』は、紀元前に書かれた古典的名著（講義ノートや草稿がのちに編集されたもの）で、現代にまで大きな影響を与えています。たとえば、その書名に含まれる「エーティカ（倫理学）」は、現代語としての「倫理（ethics）」の語源となったものです。さらに、倫理と深い関わりをもつ「エーティケー（性格の・人柄の）」という語について、それは「エトス（習慣）」という語に由来するとアリストテレスは述べますが、この関係についてはあとで見ることにしましょう。

『ニコマコス倫理学』はこんなふうに始まります。知識の探究には、求める知識の種類に応じてふさわしいやり方があり、厳密で細かいやり方のみが、つねに正しいわけではない――。アリストテレスはそう断ったあと、倫理学的な研究は数学などの研究と異なり、厳密な証明によっては進められないし、また、そのように進めるべきでもない、と述べます。普遍的な一般的真理から始めて、個別の事例に向かうのではなく、個別の事例をまず見ていくことで、適切な曖昧さを含んだ一般的真理が得られるというのです。

私は講義などでこのことを、漁に使う網の選別にたとえて話すことがあります。網で何かを捕るときには、獲物に合わせて網の目の大きさを変えるべきであり、もっとも細かな目の網がつねにもっとも優れているわけではありません。重要なのは網の目の適切な「粗さ」であり、さまざまな経験を経て、倫理的知識を捉えるのに適切な目の「粗さ」を知ることが、いわゆる年の功なのです。

ですから、万人がつねにこれを守ればよいといった生き方の原理をアリストテレスが示すことはないですし、のちにお話しする「中庸（ちゅうよう）」のような指針も、適度にゆるやかな一般性しかもちません。こうしたアリストテレスの語り口は信頼の置けるものですし、また、彼が動物学や論理学などについても優れた研究を残し、さまざまな目の網を巧みに使いこなしていた事実は、この信頼をさらに増してくれます。

熱意についてのラッセルの洞察もやはり、目の「粗さ」の選定を念頭において受け止めるべきものでしょう。あの洞察に、自然科学でなされるような反論を唱えることは簡単です。「熱意」の計量的な定義がないとか、熱意が害悪となる例外もあるとか。しかしそうした反論によってあの洞察を全否定するのは、何が問題とされているのかを読み取れていない点で的外れなことです。もちろん、経験に裏付けられていれば乱暴な主張でもよい、というわけではありませんが、逆に、経験に裏付けられていない主張は実践的場面ではしばしば網の目が細かすぎ、砂利（じゃり）まですくってしまいかねません。

以上の点と関連してアリストテレスは、「年少者は倫理学（それを含む広義の政治学）

をするのには適さない」とも言っています。この言葉には反発を覚える方もいるでしょうが、経験を積んでいることは倫理学をするために必須の条件である――そして「網の目」の適切な粗さは人生経験によって見極められる――という平凡な指摘ならば受けいれてもらえるでしょう（ただしこのことは、人生の「成功者」だけが生き方を語る資格がある、ということを意味しません。その点については〈第4章：成功者の助言〉を参照）。

ところで、幸福についての実践的知識ではなく、幸福についての分析的知識――幸福の論理的な構造――を考えるうえでなら、砂利をもすくうような細かい網も活躍の場面があるでしょう。本書でも次章以降のいくつかの場面では、おもに分析哲学的な手法を用いて、そうした考察を試みることにします（分析哲学とは二〇世紀における代表的な哲学のスタイルの一つですが、その具体的な内容については、拙著『分析哲学講義』（ちくま新書）などをご覧ください）。

ラッセルの幸福論には『ニコマコス倫理学』の影響が散見され、あの熱意の話のあとにもアリストテレスの中庸論――過剰と不足とを避けて中間を目指すことのすすめ――が援用されています。ただしそこでの中庸論は、『ニコマコス倫理学』でのそれを単純化した、いわばミニチュア版と言ってよいものです。

よい生活においては、異なる活動の間にバランスがなければならない。そうした活動は、どれ一つとして、その他の活動ができなくなるまでに推しすすめられてはならない。[…]趣味や欲望を幸福の源にしたいのであれば、それは、健康や、私たちが愛する人びとの愛情や、私たちが住んでいる社会の尊敬などと両立するものでなければならない。[…]チェスが好きで、昼間働いている間じゅう、夜するゲームのことを待ちわびていられる人は、幸福である。しかし、一日じゅうチェスをするために仕事をおっぽり出す人は、中庸の徳を失っているのである。

（ラッセル前掲書、一八二―一八五頁）

過剰な飲食と不足した飲食との中間に、あるいは、過剰な運動と不足した運動との中間に、適度な飲食や運動による健康が生じる――。アリストテレスはこの考えを、性格の徳（卓越性、器量）にも当てはめます。たとえば、勇敢さという徳は、恐れることについての過剰と不足の中間、つまり、恐れすぎるがゆえの臆病さと恐れなさすぎるがゆえの無謀さの中間にある、というわけです。同様に、気前の良さは浪費とけちの中間に、威厳は卑屈さと横柄さの中間に、恥を知ることは恥ずかしがりと恥知らずの中間にある……といったように、二つの悪徳の中間として、さまざまな徳が説明されます。

中庸としてのこうした性格の徳は、数学の知識など、純粋に知性的なことがらのように人から学ぶことはできず、実践的な習慣づけによって学ぶほかないとアリストテレスは述べます。笛を上手に吹く者が、笛を吹くことによってその技術を高め、その技術によってまた笛を吹くように、勇敢なふるまいの習慣は勇敢さの徳を高め、勇敢さの徳は勇敢なふるまいをうながします。性格の徳は習慣との相互作用によって真に向上するものであり、だからこそ、「エーティケー（性格の・人柄の）」という語は「エトス（習慣）」から来ているとアリストテレスは言うのです。この習慣づけの重視にも、人生経験を重んじる彼の倫理観が現われています。
ところで、中庸は習慣によって学ばれるとはいっても、中間の地点を見極めるには知性や思慮が必要です。この点に関して、『ニコマコス倫理学』から読み取れる、とりわけ分かりやすい知恵は次のようなものです。自分のふだんの傾向性――たとえば怒りっぽさ――とは逆の方向にやや中間を越えた地点を目指し、その結果として、中間にたどり着くという知恵。初めから中間を目指すよりも、このほうが良い結果を得やすい、とアリストテレスは言います。とはいえ、この知恵も適度な「粗さ」に基づく一般性のもとで理解すべきものです。

われわれはまた、いかなるものに向ってわれわれ自身が傾きやすいかということを見ることを要する。ひとはそれぞれ異なったものへ傾く本性を有しているのだから――。われわれはそれを、われわれに感じられる快楽と苦痛の性質のいかんによって知ることができるであろう。われわれはその反対の方向に自己を引きずってゆくことを要する。過ちの機会から遠く引き離すことによって「中」に達することができるだろうからである。ちょうどひとびとが曲った木を矯めるときにするように――。

(『ニコマコス倫理学　上』、高田三郎訳、岩波書店、一〇三頁)

情動の中庸

解説者たちがそろって強調する点を、ここでも述べておくべきでしょう。中庸のすすめは、ほどほどの選択肢を選ぶことのすすめではなく、平凡かつ安全に生きることのすすめでもありません。中庸のすすめは、凡庸のすすめではありません。たとえば、世界一の高さの山に挑戦せず、ある程度の高さの山で妥協するような生き方を提唱しているのではないのです。

このことをより明確にするため、中庸論とは行為の種類についてのものではなく、ある行為をなすときの、それにともなう情動(欲望、怒り、恐怖、自信、ねたみ、喜び、友情、嫌悪、等々)についてのものであるといった説明をするJ・O・アームソンのような研究者もいます(『アリストテレス倫理学入門』、雨宮健訳、岩波現代文庫)。この解釈に従うなら、怒りに関して中庸な人物とは、いつもほどほどにしか怒らない人物ではなく、強く怒るべきときにはそれに応じた強い怒りの情動を、やさしく怒るべきときにはそれに応じた弱い怒りの情動を、過剰や不足に陥ることなく、もつことのできる人物だということになります（この解釈についての詳細な補足は、『ニコマコス倫理学（上）』（渡辺邦夫＋立花幸司訳、光文社文庫）の訳者解説第三節にて読むことができます）。

そうした徳の持ち主にとっては、行為と情動が自然に一体化するので、意志的に情動を抑え込む必要がありません。アームソンはこの点に注目し、面白い分類を行なっています。人間は――英雄や獣のような特殊な人物を除けば――次の四つに分類することができ、アリストテレスの倫理観においては（1）～（4）の順でより優れた人間である、というのです。このうち「優れた性格」と「悪い性格」は、倫理的な徳をもつことと、もたないことに対応しています。

（1）優れた性格。正しい行いをしようと思い、かつそれを何ら心の葛藤なしに行えるような人の状態。

（2）意志の強さ。不正への誘惑を感じるが、それに打ち勝って正しい行いをする人の状態。

（3）意志の弱さ。不正への誘惑を感じそれに打ち勝とうとするが、成功せず不正をなしてしまう人の状態。

（4）悪い性格。自ら進んで不正を行い、それに対して何の抵抗も感じない人の状態。

（アームソン前掲書、五六頁）

意志の力でがんばって良いことをする人間よりも、倫理的な徳の力で自然に好んでそれをする——適切な情動によっていわば「自然にしてしまう」——人間のほうがより優れた人間だというのは、今日の目から見ても興味深い人間観です。苦しい努力に耐える人間よりも、努力を苦しいと感じない人間のほうが優れている、というわけですから。もちろんこれは、勉強や練習をしない人間のほうがよいと言っているのではありません。習慣によって鍛えられた徳（優れた性格）によって、勉強や練習を好んでする人間のほうが、それらを我慢してする人間よりも、よいということです。

一つ補足をしておきましょう。いま見た人間の順位づけは、道徳的な優越性に限らない、生き方についての幅広い徳の優越性に関するものです。そのため、意志の力で情動に逆らい他人に親切にする人物を、その意志力において、自然に好んで親切にする人物よりも道徳的に優れていると判断することは、アリストテレス―アームソン的な人間観（上記の人間の順位づけ）と必ずしも矛盾するものではありません。

ここにはアリストテレスの言う「倫理」と今日で言う「道徳」との分離がありますが、この点にこそ、アリストテレス倫理学の哲学としての面白さ――利他的な道徳の称揚に留まらない――があります。次節からはその一面を、「エウダイモニア」や「エネルゲイア」といった諸概念の分析を通じて見ていきましょう。

エウダイモニア

エウダイモニア（「幸福」としばしば訳されるギリシア語）とは何なのかについて、そろそろ述べておきましょう。それは「よく生きていること」「うまくやっていること」と同様のことだとアリストテレスは言いますが、その「よさ」は客観的な繁栄を含み、たんなる幸福感とは異なります（それゆえ「エウダイモニア」は、「繁栄」と訳されることもあります。この語をいかに訳すかは、研究者にとっての難問です）。

　エウダイモニアとは「最高善」であるとアリストテレスは述べますが、この「最高善」における「善（アガトン）」とはそれぞれの事物ならではの「よさ」のことであり、さきほどの徳の話と同様、道徳的な意味に限定されません。たとえば「ナイフの善」とは、優れた切れ味や丈夫さなどのことですが、「善」なるナイフは道徳的に「よい」わけではありません。

　知識や選択に基づくあらゆる実践は、何らかの「善」、すなわち道徳に限定されない何らかの「よさ」を目的とする――。アリストテレスはそう考えます。それらの「よさ」は個別的であり、たとえば医術においては健康が、建築術においては家屋が、戦争術においては勝利が、その目的とされます（何らかの「よさ」を求めずに何かを「する」ことがありうるか、という先述の問いは、この話とつながっています）。

　手段と目的という観点から、人間の実践を見てみましょう。お金を稼ぐために働いている人にとって、働くことはお金という目的のための手段です。しかし、なぜお金を稼ぐのでしょう？　貨幣そのものの特殊な収集家でもない限り、私たちがお金を稼ぐのは、住居を借りたり、食糧を買ったりするためです。では、なぜ住居を借りるのか？　家族で集まって快適に暮らすため？　それでは、なぜ家族と暮らすのか……？

手段と目的の連鎖を考えていくと、多くの行為の目的は、さらに他の目的の手段となっています。その連鎖の過程において、ある行為は他の行為を要求し、その行為はさらに他の行為を要求していきます。では私たちは結局のところ、何のために生きているのでしょうか。この連鎖には――単数にせよ複数にせよ――行き着く先があるのでしょうか。

アリストテレスはその終着点こそが最高善、すなわちエウダイモニアだと考えました。さまざまな「よさ」を求める過程の究極目的がエウダイモニアなのです。このとき、「あらゆる行為には目的がある」から「すべての行為が目的とする一つの、究極目的がある」を論理的に導くことはできませんが、幾人かの論者が指摘するように、その点にこだわる必要はありません。エウダイモニアとは、他の目的ではなくそれ自体のためになされる複数のことがらの、複合体だと考えてもよいからです。

しかし、「他の目的ではなくそれ自体のためになされることがら」とは何でしょうか。家族と集まって快適に暮らすこと、より具体的には、たとえば家族で面白い話をして笑うこと……、こうした活動がそれ自体としての「よさ」をもっており、他の何らかの「よさ」のためではなく、まさにこの「よさ」のためにそれがなされているなら、その活動は「それ自体のためになされることがら」としてエウダイモニアの一部となるでしょう。ある画家が、コンクールでの入賞やその後の賞賛などではなく、美しい画を描くことそれ自体に生きがいを見出しているなら、それもまたエウダイモニアの一部となりえます。

ここで見出されている「よさ」はたんなる幸福感ではなく、たんなる主観的な快感でもありません。画を描くことの「よさ」は、ある画家の力量が――画を描くことの徳が――十全に発揮されることと一体であり、たとえ、ある画を描くこと以上の喜びを麻薬から得ることができたとしても、麻薬は、その画を描くことの「よさ」の代わりを提供できないのです。

道徳的な人生は賞賛されるべきものだが、エウダイモンな（幸福な）人生は祝福されるべきものだ、とアリストテレスは言います。後者は、さまざまな人間の徳が、それ自体を目的とする活動において見事に発揮された人生であり、だからこそエウダイモニアは、客観的な達成とともに主観的な満足をもそなえた「繁栄」だと言えるのです。アームソンはこの事情をふまえて、エウダイモンな人生とは、親が子どもに望むような人生だ、と述べています。

ところで『ニコマコス倫理学』では、エウダイモニアに至る生活としてとくに、政治に携わる生活と、観想の生活（真理の理性的探究の生活）が挙げられています。しかし、アリストテレスに直接師事した古代ギリシアのエリートたちはともかく、現代の日本の私たちは、この二択にあまりこだわる必要はないでしょう。ただアリストテレスがこの推挙において、人間ならではの――他の動植物にはない――理性の働きを評価していた点は重要です。

活動か作業か

さまざまな徳をただもっているだけでなく、活動によってそれらの徳が十全に発揮されるとき、人間はエウダイモニアに至ります。どれほど優れた徳をもっていても、ずっと眠っているような人生では駄目だというわけです。とはいえ、優れた徳の獲得が習慣づけによってのみ可能である点をふまえれば、優れた徳の持ち主はずっと眠っていたはずはなく、その徳に対応する活動を何度も繰り返してきたはずです。

ところで、いま述べた「活動」というのは「エネルゲイア」の訳語です。エネルゲイアはもともとデュナミスと対比される概念ですが、この対比の場合は「活動」ではなく「現実態」と訳されます（他方、デュナミスは「可能態」と訳されます）。少々いかめしい訳語ですが、潜在していた可能性が現実化したものがエネルゲイア（現実態）であり、たとえばヒマワリの花が咲いたなら、その開花はエネルゲイア（現実態）です。他方、芽を出したばかりのヒマワリはまだ開花していませんが、いずれ開花する可能性をもつ点で、そこにデュナミス（可能態）を認めることができます。

人間が実際に何らかの行動をしたなら、その行動はたんなる可能性ではなく、現実のものとなっています。この意味であらゆる現実の行動は、エネルゲイア（現実態）に含まれます。しかし、さきほど見た「活動」は、より限定された意味合いをもっています。さまざまな現実の行動はさらに、狭義のエネルゲイア（活動）と、キーネーシス（運動）に区別することができ、先述の「活動」は狭義のエネルゲイアの訳語です。今後はもっぱらこの狭い意味で、「エネルゲイア」という言葉を使うことにしましょう（狭義／広義のエネルゲイア概念に関しては、論文「アリストテレスの「エネルゲイア」と「キーネーシス」の区別に関する一考察」（『西洋古典学研究』第四五号所収、三浦洋、日本西洋古典学会）等を参照）。

エネルゲイア（活動）はそれ自体のうちに目的をもち、完了性と完全性をもちます。キーネーシス（運動）は反対に、その外部に目的があり、未完了かつ不完全です。アリストテレスはこの違いを、次のように区別します。――見ている、考えている等々、「……している」から直ちに「……した」と言えるなら、それはエネルゲイアである。家を建てている、（何かを）学習している等々、「……している」からまだ「……した」と言えないなら、それはある目的への「過程」であり、すなわちキーネーシスである。

キーネーシスはよく「運動」と訳されますが、いま述べた意味で「過程」と訳されることもあります。自然現象一般ではなく人間の行動のみに目を向けるなら、キーネーシスを「作業」と訳すのも、的外れではないと私は思います。作業はつねに目標をもっており、目標が達せられたなら、その作業を続けることはできません。

「家を建てた」ときにはもう、「家を建てている」とは言えないのです。

この意味で、エネルゲイアが一種の完全性をもつのに対し、キーネーシスはつねに不完全なものです。それが完全になった際には、「過程」「作業」は終了せざるをえません。他方、エネルゲイアの完全性とは、人間のある徳がその時点において十全に発揮されていること——つまり現実態となること——として理解できます。目を使ってものを見るとき、私たちは視覚器官に備わった「見る」ことの徳を現実化しているのであり、他の目的のために見るのではなく、まさに、見るために見ていると言えます。その意味で、「見る」ことは自己のうちに目的をもつのです（家のできばえを確かめるときのように、他の目的のために「見る」こともありますが、いまの文脈では、それは「見る」ではなく「確かめる」などと表現すべきでしょう）。

徳の獲得に不可欠な習慣づけは、エネルゲイアによる習慣づけです。頭のなかで考えているだけでは駄目で、実際の「活動」が必要なのです（勇敢なふるまいの習慣づけが勇敢さの徳を高めるように）。活動による習慣づけというと、努力や我慢といった苦しみの印象を与えるかもしれませんが、さきほど「優れた性格」や「意志の強さ」についてお話ししたように、真に徳のある活動は、自然に、好んでなされるものです。ある活動の継続は、その活動をよりうまくなすための徳を高め、その結果、活動の継続はよりたやすく、より充実したものとなります。活動と徳の間にあるこの相補性に目を向けるとき、習慣づけはたんなる苦しみではなく、それ自体としての喜びも含むことが分かるでしょう。〈はじめに〉で見た「上昇」と「充足」との幸運な共存が、ここには成立しうるのです。

活動の価値づけ

最高善としてのエウダイモニアとは、それ自体を目的とし、他に目的をもたない究極目的の統合体である、と見なすことができました。エウダイモニアのこの自己目的性は、エネルゲイアの自己目的性と一体です。だからこそ、徳を発揮しうる活動（エネルゲイア）に満ちた人生は、それ自体において輝かしさをもつ、エウダイモンな人生なのです。

『ラッセル幸福論』における熱意へのすすめは、『ニコマコス倫理学』でのこの幸福論とひとつながりのものとして読むことができます。熱意ゆえの行為の多くは、他の目的のためにではなく、それ自体の充実と喜びのためになされるからです。たとえば休日に趣味の野球をするとき、一つひとつのプレイが熱意をもってなされているなら、その各々の瞬間にはエネルゲイアとしての活動があります。たとえ試合に勝つという外的な目的がある場合でさえ、野球への熱意は何よりもまず個々の活動に宿っているのです（逆に、試合に勝つためにのみ野球がなされているなら、それは一種の過程であり作業です）。

アリストテレスとラッセルのあいだに違いを見出すことはもちろん可能で、たとえば前者は後者よりも強く、ある種のエリート主義を感じさせます。熱意をもってなすべき活動は何でもよいというわけではなく、それは人間ならではの徳——とりわけ理性的な——を十全に発揮させるものでなければなりません。この意味においては、キャッチボールをするのでも政策決定をするのでも活動の価値に差はない、とアリストテレスが言うことはありえないでしょう。

しかし、諸活動にこうしたランク付けをすることは、さまざまな対象への広い熱意のすすめと必ずしも矛盾するものではありません。アリストテレスとラッセルの、それぞれの著作の外における前提——だれのために書かれた（話された）著作か――の違いもさることながら、著作の構造そのものが、次のことを教えてくれます。『ニコマコス倫理学』が幸福（エウダイモニア）の追求を基本的な狙いとするのに対し、『ラッセル幸福論』は何よりも、不幸を遠ざけるのを優先的な狙いとすることを。

さまざまな対象への熱意は、直接的に幸福を与えてくれるものである以前に、ねたみ、疲れ、退屈などの各種の不幸の要因から、私たちを遠ざけてくれるものです。とりわけ、自分自身にばかり向けられた目を、外部の世界に向けさせることによって。こうした不幸を遠ざけたのち、熱意のある趣味や遊びによって心身の健康を得るだけでなく、自分の徳が十全に発揮される方向にも熱意を振り分けることの価値を、ラッセルはもちろん否定しないでしょう（たとえば第十四章「仕事」にて、「建設的な仕事」の幸福について述べているように）。

そして『ニコマコス倫理学』については、次の点も注目に値します。同書ではたしかに、諸活動の価値に高低を付けているように見えますが――理性称揚（しょうよう）型のエリート主義――、しかし「活動（エネルゲイア）」として挙げているものの幅は広く、快楽もまた、そこには含まれています。浜辺で寝そべることや（アームソン前掲書、一八八―一八九頁）、料理を味わったり、会話を楽しんだりすることも、活動としての快楽だと言えるのです。その際、快楽とは「妨げられずにする活動」だとされますが、ある活動に対して別の活動としての快楽が生じるわけではなく、ある活動が十全に――妨げられずに――なされることの快さが、ここでは「快楽」と呼ばれています（アリストテレス前掲書、第七巻。アームソン前掲書、第八章）。哲学者の大森荘蔵（しょうぞう）ならば、このことを、快楽はある十全な活動に「重ね描き」される、と表現するかもしれません。

　快楽も活動に含まれるという考えは少々意外なものですが、目でものを見ることが――目に備わる徳が発揮されている点で――活動とされていたように（→本章：活動か作業か）、精神的／身体的な快楽も、それを十分に味わうためには、心身に備わる徳が不可欠です。快楽はたんに受動的なものではなく、事実、心身の働きが悪ければ、何をしても心からは楽しめません。ある「今」を存分に味わうことは、けっして簡単なことではないのです（→第2章：今に留まる）。

　なお『ニコマコス倫理学』では、第七巻のほかに第十巻でも「快楽」が論じられていますが、両者は別々の議論に見え、その関係性は不明瞭です。この点については、執筆時期の違いによるものとする解釈のほか、両者はとくに矛盾しないとの解釈もあります（『アリストテレス全集一五：ニコマコス倫理学』（内山勝利＋神崎繁＋中畑正志編、岩波書店）補注D等を参照）。

人生の目的

幸福の概念は多義的であり、文化間の翻訳も困難なものですが、アリストテレスの幸福への洞察（どうさつ）は二千数百年後の日本でも生きています。「エウダイモニア」から「幸福」への翻訳の壁に阻（はば）まれてもなお、彼の語る倫理の多くは、今日の私たちにとっての倫理でもあるのです。

本章ではこの事実を、二〇世紀前半のラッセルの目から、アリストテレスを振り返ることで見てきました。アリストテレス解釈としては不十分な点もあったはずですが、『ニコマコス倫理学』が今なお、学者たちの研究対象である前に、一種の実用書であり、ラッセルと重なる実践への眼差しをもっていることは示せたと思います。この点については自戒を込めて、次の一節を引用しておきましょう。

しかし、実際はかかる行為をなさないで言論に逃避し、そして、自分は哲学（フィロソフェイン）しているのであり、それによってよきひととなるであろうと考えているひとびとが多いのであって、彼らのかかるやりかたは、いわば注意して医者の言葉を傾聴しながら少しもその命令を守らない病人に似ている。

（アリストテレス前掲書、八三頁）

本章の最後に、〈はじめに〉でも名前を挙げたトマス・ネーゲルの議論を見ることにします。参照するのは、彼の哲学入門書の最終章「人生の意味」です（『哲学ってどんなこと？』所収、岡本裕一郎＋若松良樹訳、昭和堂）。〈はじめに〉で触れた「彼」の話はネーゲルの他著に含まれるものですが、そちらについては改めて第2章で取り上げることにします。

参照文献に記された問いを、私なりの表現で述べ直してみます。——二百年も経てばいま生きている人間はみな消え去り、数万年かあるいは数億年経てば全人類もおそらく消え去るだろう。同様に、人類の作り出したあらゆる文化も、やはりいつかは消え去ってしまう。では、私たちは何のために生きているのか。自分のためにしたことであれ、他人のためにしたことであれ、すべてが無に帰してしまうのであれば、あらゆる営みは無意味ではないのか。

「何のためにそれをするのか」。目的をつねに未来に置くことでこの質問に答えていくなら、「その目的の目的は何か」「さらにその目的は何か」……、これらの質問に答えつくすことはできません。「何のために外国語を学ぶのか」「外国に留学するため」「何のために留学するのか」「国際的なピアニストになるため」「何のために国際的なピアニストになるのか」「世界中で演奏をするため」「何のために世界中で演奏をするのか」……。

さまざまな営みの目的が、より未来の何かであるとき、目的の連鎖はどこまでも続き、自分の死後にまで続きかねません。たとえば、「死後に名声を残すこと」のように。しかし、たとえ数十年間、死後に名声が残ったとして何なのでしょう。人類がいずれ滅んでしまえば、どんな名声もすべて過去のものです。豊かな地球の自然環境のような、人類の滅亡後も存続しうる事物についても、いずれは地球ごと消え去るのであり、すべてが失われる日がやって来ます。

人生をそれ全体として、その外部から価値づけることはきわめて難しい――。「人生は単に無意味であるだけではなく、不条理であるかもしれない」とネーゲルは述べます（ネーゲル前掲書、一四〇頁）。人生がそれ全体としての目的をもっておらず、そして人生がその外部から見て「本当に重要なものでも、厳粛なものでもなく、死が人生の終着点であるならば」、われわれはその不条理を耐え忍ぶだけの存在かもしれないからです（同頁）。さきほど確認したように、人類史の全体についても同じことが言えるでしょう。人生の、あるいは人類史におけるすべての営みは、外部から見た際の価値のなさという、本質的な空しさをもっています。

その空しさから逃れる数少ない道の一つは、「内側の視点」に留まることでしょう。人生や人類史の全体をその外側から価値づけるのではなく、その内側からのみ価値づけるなら、内側にある個々の目的は、意味を取り戻すかもしれません。たとえば、駅まで走ったのは「終電に乗るため」であり、お金を貯めたのは「時計を買うため」であり、ケーキを作ったのは「ひとを喜ばせる」ためであり……、こうした「内側にある」目的をそれぞれ果たしていけたなら、人生全体の目的など要(い)らない、というわけです。

　しかし、そのようにして内側の視点に留まったとしても、私たちはどこかで、未来に他の目的をもつのではない「活動（エネルゲイア）」を求めるでしょう。それ自体としての充実と喜びをもった、自分の徳が十全に発揮された「活動」を。そうでなければ、たとえ内側の視点においても、人生が色づくことは困難です。内側にある個々の目的の実現も、たんに目的の実現であることのみが喜ばしいのではなく、それが目的の連鎖を経て、何らかの「活動」につながることが喜ばしさの源泉となっているからです（もしそうでないなら、そもそも何を内側における目的として定めたらよいのでしょうか）。

　人類がまもなく絶滅するある日、残された最後の人間は人類史を振り返ってこう考えるかもしれません。――人類は実にさまざまなことをやってきた。そのほとんどはもはや消え去り、残されたわずかな事物もしばらくすれば消え去るだろう。しかし、各々の時代の人々が各々の場面で、それ自体としての充実と喜びをもった「活動」をなしてきたならば、それらはまさにそれ自体としての、無時間的な――時間の流れとは独立の――価値をもっている。

「無時間的」ということを理解するには、時間を空間のように捉える必要があります。人類史を一本の映画ではなく一枚の画のようなものとして、つまり、時間的に順番に展開されていくものではなく、空間的に一挙に展開されたものとして捉えたとき、その一枚の画が豊かな色彩や描線に富んだ——充実したさまざまな「活動」に満ちた——ものであることは、それ自体として価値をもつでしょう。それはちょうど、人類全体の共作による、驚くほど巨大で緻密(ちみつ)な画なのです。

こんなふうに人類史を振り返ることは、慰めにすぎないかもしれません。しかし、こうした慰めさえ不可能なほど人類史が貧しいものでなかったことは、賞賛される以上に祝福されるべきことです。——人類は、北極点に立ち、エベレストに登り、月面に着いた。言語や貨幣や法律を作り、懐石料理やコンピュータや交響曲を作った。医師として、大工として、主婦として働き、親子として、同僚として、友人として暮らした——。

私たちのなかには、ほぼ間違いなく、人類最後の人間はいません。しかし私たちはだれもが確実に、人生最後の人間となります。自分自身の人生に関して、です。人生がまもなく終わるであろう日に、その人生が慰めさえ不可能なほど「活動」に欠けたものでなかったとすれば、それはやはり祝福されるべき、幸福な人生だと言えるでしょう。

第2章　幸せで、それを知っているなら

手をたたく

〈はじめに〉で見たトマス・ネーゲルの話は、論文「死」のなかで彼が述べたものです（『コウモリであるとはどのようなことか』所収、永井均訳、勁草書房）。その論文のテーマは「死の害」であり、とりわけ死者にとって死は害（悪）であるかを検討しています。「死者はすでに存在しないのだから、仮に死が害だとしても、その害を被る人はもう存在しないのではないか」「それゆえ死は無害ではないか」といった古代ギリシア時代からの問いかけに対し、ネーゲルなりの見解を示した論文と言えます。彼自身の文章で、先述の話をもう一度見ておきましょう。

ある聡明な人物が脳に損傷を受けて満ちたりた幼児のような精神状態に退

行してしまった、と想定しよう。彼に残っているような欲求はどれも保護者によって満たしてもらえるので、彼にはなんの悩みも不安もない。このような状況は、通常、彼の友人、親類、知人たちにとってだけではなく、誰よりも彼自身にとって、重大な不幸であるとみなされるであろう。これはもちろん、満ちたりた幼児が不幸であるという意味ではない。このような状態に退行してしまった聡明な大人こそが、不幸の主体なのである。

（ネーゲル前掲書、九頁、傍点原文）

幼児のようになってしまった「彼」はなぜ不幸なのか。ネーゲルの答えは次のようなものです。——聡明な大人として生きられたはずの彼は、さまざまな幸福の可能性を奪われてしまった。現在の彼の心理状態だけでは、彼が幸せかどうかは決まらない。「幼児」としての現実の背後に、どんな可能性があるかが問題だからだ——。

この話について考えると私は、英語で歌われた『幸せなら手をたたこう』を初めて聞いたときのことを思い出します。この歌はもともと外国の歌ですが、英語詞は日本語詞と少し違います。「幸せなら手をたたこう」ではなく、「幸せで、あなたがそのことを知っているなら、手をたたこう（If you're happy and you know it, clap your hands.）」というのが、その歌詞なのです。

英語の言い回しとしては、この「知っているなら」に深い意味はないでしょう。メロディに歌詞を合わせるための一節にすぎないのかもしれません。それでも、日本語詞に慣れた耳でこの英語詞を初めて聞いたとき、私はちょっと戸惑いました。子どものころからよく知っていた歌が、まったく違う歌に聞こえたからです。

この英語詞を直訳的に聞くと、あなたが幸せであることと、それを知っていることとは切り離されています。「幸せで、それを知らないこと」や、あるいは、「不幸せで、それを知らないこと」がありうるように聞こえるのです。さきほどのネーゲルの話のように、ある人が幸せであるかどうかは、本人の心のなかだけでは決まらないわけです。

実在論と観念論

少し硬い表現ですが、哲学では一般に、あるものが認識（意識）と独立に存在するという考えを「実在論」と呼び、認識（意識）を通して存在するという考えを「観念論」と呼びます。たとえば、物体としての「モナリザ」の画はだれも見て（認識して）いないときにも存在すると考えるなら、それは物体についての実在論ですし、「モナリザ」の画の美しさはだれかが見ているときにのみ存在すると考えるなら、それは美についての観念論です。

（以上の大まかな規定には、内部実在論や反実在論と呼ばれる専門的立場からいくつかの批判を加えることが可能です。しかし、その点は本章の主旨にとって、あまり重要ではありません。ここでは議論の混乱を避けるため、上記の「実在論」等の規定が唯一のものでないことのみを述べておきます）。

物体についての観念論――認識された物体のみが在る――はかなり非常識な考えに見えますが、では美についての実在論はどうでしょうか。美が実在論的に存在するなら、だれも美しいと思って（認識して）いない画が本当は美しいということもありえます。逆に、みなが美しいと思っている画が本当は美しくないこともありうるでしょう。そのようなことが、本当に可能なのかどうか。これは古くからの、そして今日も結論の出ていない哲学的問題です（たとえば、『分析美学入門』（ロバート・ステッカー、森功次訳、勁草書房）第四章等を参照）。

道徳的な価値について、同じ問題を考えてみても面白いでしょう。だれも悪いと思っていない行為が本当は悪いということはありうるでしょうか。ありえないとすれば、たとえば、今日から見れば差別的な過去のある行為も、その行為の時点で、だれも悪いと思っていなかったとすれば、悪くなかったことになるのでしょうか（では、それはいつから悪になったのでしょうか）。この問題については、少しあとの節で改めて考えてみることにします（→本章：「善悪」の意味）。

実在論と観念論の対比は、現実のさまざまな事例について興味深い話題を提供してくれます。本書の主題である「幸福」について言えば、幸福であることとそれを知ること（幸福だと思うこと）は、実在論的には切り離されます。自分は不幸だと思っているのに、本当は幸福だ、といったことがありうるのです。他方、観念論的に言えば、幸福であることの認識から独立した幸福というものはありえません。

『幸せなら手をたたこう』の話に戻りましょう。さきほどの英語詞を、幸福についての実在論として聞くと、「幸せなら態度で示そうよ」の一節が何だか重苦しく響きます。自分が本当は幸せであることに気づけ――そして態度で示せ――と言われているように聞こえるからです。これでは、幸せなあまり浮かれて手をたたくのではなく、手をたたかされている感じがしてきます。

でも、ひょっとするとこの歌は、初めからそういう歌なのかもしれません。そして、知っているなら手をたたけというのは、手をたたくことによって知れ――知ることによって幸せになれ――という意味なのだと。ここにおいて幸福実在論は、実在論であるからこそ観念論化するのですが、それがどういう意味かについては次節で述べることにします。

現実の背後

〈はじめに〉で用いた「上昇」と「充足」という表現を使うなら、ネーゲルの事例の中心にあるのは、上昇と充足との分裂です。「彼」は聡明な大人としての上昇の可能性を奪われており、そのため、たとえ充足していても、幸せであるとは言いがたいのです。ここで決定的に重要なのは、目の前の現実の背後に何を見るか、つまり、この現実が他のどんな可能性のなかから実現したと考えるのか、です。

哲学的思考に馴染んでいる方は、さきほどの「彼」の話を読んでこう思ったかもしれません。——彼はたしかに大人としての幸福の可能性を奪われている。でも彼は、大人としての不幸の可能性も奪われているはずだ。このとき、幸福と不幸の剝奪の収支がプラスなのかマイナスなのかは、本当のところよく分からないのではないか——。

実際のところ私たちは、何となく共有している確率的な直観に基づいて、その収支はマイナスだ（「幼児」になった彼は不幸だ）と判断しています。このプラス／マイナスの判断は、今この瞬間の現実の背後にどんな可能性があると信じているかによって、つまり私たちの心理によって、大きく左右されるでしょう。

「彼」ではなく自分自身について、この問題を考えてみてください。「私のこの現実の背後に、他のどんな可能性があるか」。そこに、たくさんの不幸の可能性を見る人は、可能性との対比においていま自分が幸せであることを「知る」でしょう。

そして、それを知ることで――幸せを感じていなかった人でも――幸せを感じることがあるでしょう。ここにおいて幸福実在論は、実在論であるからこそ観念論化します。初めから観念論であった場合よりも根の深い観念論となります。幸せであることとそれを知ることの切断によって、幸せだと知ることで幸せになる道が開かれるからです。

幸せだから幸せだと知るのではなく、幸せだと知ることによって幸せになる――。本来ならそんな道は存在しないはずですが、現実の背後に他の可能性を見ることで、それは実際に可能となります。そして、ここにこそ、充足とは何かという問いに対する一つの答えがあるのです。

他人の不幸を見ることで元気づけられる場合があるのは、人間が邪悪だからというより、「手をたたかされる」からです。他人の不幸を自分自身の不幸の可能性として見ることで、自分の現実に充足しうるからです。その他人が自分に似ていれば似ているほど、不幸の可能性は身近なものになり、充足感は増すでしょう。「あれほど自分に似ているのなら、私があの不幸を被(こうむ)っていたかもしれない。――私は幸せだ」。

この心理が反転したのが嫉妬で、異人種よりは同人種、異性よりは同性、年上よりは同世代に対してより強く嫉妬しやすいのは、相手が自分に似ているからです。本当は全然似ていない――努力も才能も――かもしれず、たいていは本当に似ていないのですが、少なくとも嫉妬している本人は似ていると感じるからです。「あれほど自分に似ているのなら、私があの幸福を得ていたかもしれない。――私は不幸だ」。

幸せだと知ることで幸せになれる。これは人間の驚くべき能力です。現実の背後にさまざまな不幸の可能性を見ることで、現実そのものは何ひとつ改善されていなくても、本当に充足が生み出せるのです。空中から取り出されたかのようなこの幸福は、しかし、けっして偽り（いつわ）の幸福とは言えません。それをうまく育ててやれば、「手をたたかされる」のではなく、自発的に「手をたたく」ところまで行けるでしょう。

幸福の外在性

柏端（かしわばた）達也さんは論文「幸福の形式」において、分析哲学的な幸福の議論を試みています（『応用哲学を学ぶ人のために』所収、戸田山和久＋出口康夫編、世界思想社）。同論文の後半でなされる三つの「外在的幸福」の区別は、本章でのこれまでの話ときわめて密接な関係をもつものです。「外在」という言葉の説明とともに、それらの区別を見ることにしましょう（同論文の前半については、またあとで取り上げることにします）。

「外在」とは文字通り、ある対象の外に在ることで、「内在」と対になる言葉です。ある対象が内在的幸福をもつなら、その対象のうちに幸福があり、ある対象が外在的幸福をもつなら、その対象の外にある何らかのものとの関係において、幸福があります。

幸福についての外在性は、「主体外在性」「世界外在性」「時間外在性」の三つに分けられます。主体とは要するに人物のことであり、ある人物の幸福がその人物の外の事実に依拠しているなら、それは主体外在的な幸福です。たとえば、私の好きなスポーツ選手が試合で勝利したこと（私の外にある事実）は、たとえ私がその事実を知らなかったとしても、私の幸福の外在的根拠でありえます。もちろん、私がその事実を知ったなら幸福感を得るでしょうが、その幸福感は主体内在的——私の心に内在的——であり、主体外在的な幸福とは区別されるべきものです。

　ややこしく感じるかもしれませんが、述べているのは単純なことです。幸福ではなく不幸について、同じことを考えてみましょう。私がある人物に十年間だまされていたとして、いまその事実を知ったとします。だまされていたことは私の不幸ですが、その不幸はいつ生じたのでしょうか。私の内在的な不幸感はいま生じたわけですが、それとは別の外在的な不幸（だまされていたという、主体外の事実に依拠する不幸）は十年前から生じていた、と考えることができます。つまり、不幸感と独立の不幸がありうるわけです。同様に、一生だれかにだまされ続けて死んだ人物は、その不幸を知ることはなかったわけですが、それでも外在的には不幸だったと言えるでしょう（一例として、情報を遮断された国家で、自分が外在的に不幸であることを知らされないでいる国民が、幸福かどうかを考えてみてください）。

　なお、主体への内在性を主体の心への内在性として理解するなら、上述の通り、主体内在的な幸福は幸福感と重なります。しかし、主体への内在性はより広い意味をもっており、主体の身体への内在性なども含めて理解することが可能です。たとえば、ある人物が自分でも気づかないうちに病魔におかされていることは、不幸感をともなっていなくとも、その人物に内在する不幸だと言えます。

世界と時制

主体外在性に続いて、世界外在性に目を向けましょう。ここで言う世界とは、この現実世界のことであり、その外とは、現実以外の可能性としての諸世界のことを意味します。つまり、現実世界だけでなく他の「可能世界」（現実世界を含めた、成立可能な諸世界の呼称）との関係において成りたつ幸不幸が、世界外在的な幸不幸なのです。ネーゲルの話や、「幸せなら手をたたこう」の話は、まさにこの世界外在性と深く関わるものでした。前者では世界外在的な不幸が、後者では世界外在的な幸福が、話の要点となっています。

最後に、三つ目の外在性である時間外在性について見ましょう。こちらも構造は同様で、ある時点における幸不幸の成立が別の時点との関係において成り立っているなら、それは時間外在的な幸不幸だと言えます。たとえば、三十歳のある人物にとって、十歳のときに犬に噛まれたことの不幸は——たとえ三十歳の時点でそれを忘れていたとしても——時間外在的な不幸として存在しえます。

柏端さん自身の表現ではないですが、時間外在性のなかでさらに時制外在性を区分することは有益でしょう。ある時点と他の時点との関係だけでなく、「今」と「今」でない時点との関係に目を向けることが重要であり、すなわち、「今」における幸不幸が過去・未来との関係で成立しているなら、それは時制外在的な幸不幸だと言えます。時制外在的な幸不幸については謎めいた問題があるのですが、前掲の柏端論文では、デレク・パーフィットの次の論述を手がかりにそれを検討しています。

> 私はある種の手術を受けるためにある病院に入院している。この種の手術は完全に安全で、常に成功している。〔…〕私は外科医と協力しなければならないから、麻酔を受けられない。〔…〕その手術は大変痛いので、患者は後でそれを忘れるようにさせられる。患者の最新の数時間の記憶を消去する薬があるのである。

私は今目覚めたばかりである。［…］私は私の看護婦に、私の手術がいつなのか、またそれがどれだけ長くかかるのかは決まったかと尋ねる。彼女は、自分は私と別の患者の両方についての事実を知っているが、どちらの事実が誰にあてはまるのか思い出せないと言う。彼女が私に真実だと言えることは次のことだけである。私はきのう手術をした患者かもしれない。その場合、私の手術はこれまでになかったほど長くて、十時間かかった。あるいは私はきょうこれから短い手術を受けることになっている患者かもしれない。私は十時間苦しんだか、あるいはこれから一時間苦しむことになっているかのいずれかである。

（『理由と人格』、森村進訳、勁草書房、二三四頁）

この「私」はいったい自分がどちらの患者であることを望むか――、これがパーフィットの問いかけです。なかなか設定が凝っていますが、要するに、過去の十時間の苦痛と、未来の一時間の苦痛のどちらが望ましいかという問いです。私も何度か講演などで聴衆の方に聞いてみたのですが、私の記憶が正しければ、未来の苦痛を選んだ方は一人もいませんでした。過去の苦痛はすでに終わっていますが、未来の苦痛はこれからやって来るので、この判断は自然なものだと言えます。

ところが、この自然な判断を正当化する（なぜそれが正しいのかを示す）のはじつは困難です。ここには、〈時間の哲学〉と呼ばれる分野の中心的な問題――「今」とは何か――があり、その分野の研究者が一生をかけて研究するに値する、多くの問題が背後に控えています（もし興味をもたれた方は、拙著『分析哲学講義』第九章等をご覧ください）。

人生のよさを客観的に――人生全体を外から見るように――判断するなら、その人生のなかに猛烈な苦痛が十時間あるよりは、一時間しかないほうが、明らかによいでしょう。ところがさきほどの「手術」の例では、この真っ当な判断が覆（くつがえ）され、十時間の苦痛のほうをほとんどの人が選びます。そこでは、ある特殊な事実、つまり「今」がいつであるかが決定的に働いているわけですが、しかしそのことを論理的に（あるいは科学的に）示すには、先述した〈時間の哲学〉に向き合わなくてはなりません。

功利主義をご存じの方は、さきほどの「手術」での判断が、ある意味において功利主義に反することに気づかれたかもしれません。というのも、功利主義では（ごく単純化して言えば）、全体としての快（よいもの・よいこと）の総量を増やす選択肢が推奨されるからです。たとえば、百人のうち十人が十点の快をもち、残りの九十人が一点の快をもつ社会よりも（総計一九〇点）、百人のうち九十人が三点の快をもち、残りの十人が一点の快をもつ社会のほうが（総計二八〇点）、望ましい社会だというわけです。

快ではなく、たとえばパンで考えるなら、どんなふうに分配してもパンの総数は同じです。しかし、パンそのものではなくパンをもつことの快は、パンの個数に単純に比例しないので、分配の仕方によって快の総量は変化します。たとえば、すでに十個パンをもっている人に一個パンをあげるより、まだパンをもっていない人に一個パンをあげるほうが、大きな快が生じるからです。

私の人生の各時期（各時点）における「私」を、それぞれ別の人物のように考えてみるなら、私の人生全体についても功利主義的な観点が成り立ちます。仮に百年生きるとすれば、百年のうち十年が十点の快をもち、残りの九十年が一点の快をもつ人生よりも（総計一九〇点）、百年のうち九十年が三点の快をもち、残りの十年が一点の快をもつ人生のほうが（総計二八〇点）、望ましいというわけです。

永井均さんは著書のなかで、漫画『自分会議』（藤子・F・不二雄）をもとに、この問題について考えています（『マンガは哲学する』、岩波現代文庫、第四章5節）。『自分会議』では、ある人物が重大な選択をするにあたって、人生の各時期におけるその人物が――幼年時代から老年時代に至るまで計五人――タイムトラベルによって同じ時間に集まり、重大な選択についての「会議」を行ないます。

「会議」は紛糾するのですが、その理由は明らかに、それぞれの時期の人物が自分の利益を優先する――そして人生全体に対する功利主義的な判断をしない――からです。永井さんはこの事実をふまえて、次のような考察をしています。

道徳や法律というのは、要するに、他人の利害を将来の自分の利害に換算するシステムなのではあるまいか。それらは、結局、他人に害を与えれば、それが（将来の）自分に害を与えることになるようにつくられた社会システムなのだと思う。道徳は、そんなことをすることは結局は自分のためにならないと説教し、法律は、未来の当人を処罰する［…］。ともあれ、自分会議の決定がどうなろうと、実行する権限を持つのはいまの自分だけである。この会議の決定を無視すれば、それを守った場合に比べて、全体としての自分の人生はより不幸なものになるだろう。たぶん、どの時期の自分にとってもそうだろう。それでも、いまの自分にとっては、他の時期の自分たちがみな決定を守り、いまの自分だけはそれを無視することが、最も有利な選択なのである（自堕落の法則！）。

（永井前掲書、一三六―一三七頁、傍点原文）

倫理学の分野では、他の人々にルールを守らせ、自分だけそれを破って利益を得ることを「ただ乗り（フリーライド）」と言います。だれもが電車に無賃乗車をしたら電車が運行不可能になるように、だれもがルールを破る社会は、まともな社会として存続できません。社会がまともであることは犯罪者にとっても重要であり、たとえば泥棒でさえ自分の財産を他人に盗まれては困ります。

社会的なただ乗りについては多くの人が嫌悪を感じるでしょうが、それは、ある人が快適に過ごすためのつけを、他の人に義務（ルール）として押し付けているからです。ところが、パーフィットのあの「手術」の例で、私たちが選んだのはまさに「押し付け」でした。つまり、未来の自分が――これから「今」の自分になる者が――快適に過ごすために、不当にも（?）過去の自分だけに十時間の苦痛を負わせるからです。しかも、一時間で済むはずの苦痛を、その十倍もの長さにして！

（本節で例を見たように、たんなる作品批評ではない漫画の哲学的考察は、まさにその哲学性において豊かな可能性をもっています。私も〈第3章：ムーピーの懐疑〉にて、そうした考察を少し試みました。学術論文という形態のもとでそれを実践した文献としては、「宿命論と人生の意味『ジョジョの奇妙な冒険』第五部エピローグの解釈」（『PROSPECTUS』第一五巻所収、山口尚、京都大学大学院文学研究科哲学研究室）が挙げられます。同論文の内容は、本書第1章の終わりで見たネーゲルの議論にもつながるものです。）

分配の交差

いま私たちは、時制外在性（内在性）の観点から、快不快の分配の問題を見ました。「今」という時点を中心として、自分自身の過去や未来にどのように快不快を振り分けるかという問題です。ところでこうした「時間的分配」は、社会制度の観点から見ても、なかなか面白いテーマです。

快の分配に直結しやすい、富の分配を考えてみましょう。あなたの寿命が定まっていると仮定し、次のような状況を想定します。あなたの誕生時に一億円が与えられるのですが、あなたはそのお金をあらかじめ一年ごとに分けて、人生の各時期に振り分けなくてはなりません。たとえば十歳の一年間には百万円、二十歳の一年間には二百万円、といったように。ある一年間に振り分けられたお金は、その一年間のうちに使い切らなくてはいけません（残った場合は回収されます）。さらに、貯金や投資のように、未来に利益（不利益）がもちこされるような使い方をすることも禁じられています（物価の上下なども無視してください）。

このような状況において、あなたはどのようにお金を振り分けるでしょうか。すべての年度に均等に振り分ける人もいるでしょうし、若いころにたくさん振り分ける人も、中年期にたくさん振り分ける人もいるでしょう。総額の定まった富であっても、分配の仕方によって快の総量は変わる、という見解のもとに、功利主義的な回答を模索する人もいるでしょう。

さまざまな分配方法のうち、どれが正しいかを言うことはきわめて困難です。一人ひとりの趣向や人生観によって、よい分配方法は変わるからです。とはいえ、この分配金を一種のボーナス——通常の労働収入とは別の——と見なすと、保険のような意味合いにおいて、老後にたくさん振り分けるという選択肢が出てきます。歳を取り、さまざまな理由で収入を得にくくなったとき、この分配金を使おうというわけです。実際問題としてこの選択肢は、かなり魅力的なものでしょう。

さて、現実には残念ながら、このような分配金の制度はありません。しかし、これと類似した制度は社会のなかにいろいろと見られます。年金制度がそうですし、年功序列型の賃金制度もある部分においてはそうです。年齢の増加とともに、労働内容を直接反映しない、ボーナス的な収入が増加する制度になっているわけです。さらに、富以外の分配にも目を向けるなら、年上の相手を基本的に目上と見なす社会慣習も、年功序列的な「権力」の分配と言えます。

こうした時間的分配を現実になすには、一つ困った問題があります。馬鹿馬鹿しくも本質的な問題ですが、現実にはタイムマシンがない、ということです。ある人物が歳を取ったとき、過去のその人物自身から富を直接もらって来られるならよいですが、それが不可能である以上、その人物は現在の他人から富をもらうしかありません。そこで、若いときには年配者に富を「貸し」、年配になったら若者から過去に貸した富を「返して」もらうという、公共的制度が実施されます。個人の人生における時間的分配を、人間集団での分配と交差させることで、タイムマシンなしに時間的分配を実現しようというわけです（富だけでなく権力についても同様）。

これは価値のあるアイデアですが、そこに大きな欠陥があることを、今日の私たちはよく知っています。人間集団での分配を介した時間的分配は、世代間の人口比が一定でなければ成立しないのです（若い人口が増え続けるぶんにはよいですが、人口増加にはいずれ限界がきます）。年金制度の破綻といった現代日本の問題の多くは、表面的には少子高齢化によるものですが、より基礎的な観点からいえば、タイムマシンなしでの時間的分配の限界――過去の自分自身から富を直接もらうことができない

――によるものなのです。

今に留まる

生き方における「今」の重視については、まったく違う観点からの興味深い話題が残されています。それはしばしば、禅や仏教を下敷きとした東洋的観点から述べられるものですが、ひとことで言えば、過去や未来を離れ、「今」という現実の一時点をありのままに受容する精神を尊ぶものです。とはいえそれは特定の宗教のみに依拠した思考ではなく、たとえば英語圏では近年、「マインドフルネス」という名称のもと、宗教性を捨象した心理療法として採用されています。

その具体的な技術（たとえば呼吸法や身体観察）については、座禅や瞑想、あるいはマインドフルネスについての著書をあたって頂くとして、ここでは次の点に触れておきます。前節での時間的分配の話では、過去や未来を当然のごとく存在するものと見なしたうえで、「今」をどれだけ特別視するか――快や利益をどのくらい集中させるか――が問題とされていました。しかし、本節で言う「今」の特別視はこれと対照的です。そこではいわば、過去や未来が存在しないかのような――それらをたんに想像されたものと見なすような――認識が鍵であり、唯一存在する時点としての「今」に留まることが重んじられます。

これはもちろん、過去や未来がないなら今この瞬間に全財産を使ってしまおう、などといった話ではありません。呼吸の話でいえば、いま私は息を吸っている――、いま私は息を吐いている――、といった一瞬一瞬の現実を捉え、過去や未来についての雑念や妄想から離れた心（世界）に近づくことが望まれます。とはいえ、これを「目的」として掲げ、そのために我慢して座禅や瞑想をするなら、それは「今」に留まる精神と真っ向から衝突してしまうでしょう。

マサチューセッツ大学ストレス・クリニックの元医院長であるジョン・カバットジンは、マインドフルネスについての本のなかで、「食べる瞑想」というものを挙げています（『マインドフルネス――ストレス低減法』、春木豊訳、北大路書房）。瞑想という言葉がもつ神秘的で怪しげな印象から離れ、一瞬一瞬の「今」に留まるとはどういうことかを体感するうえで、これは興味深いものです。

まず最初に、レーズンを観察することに注意を集中します。初めて見るようなつもりで観察します。指でつまんだ感触を確かめ、色や表面の状態に注意をはらいます。こうしていると、レーズンやほかの食べものについてのいろいろな思いがわきあがってくるのに気がつきます。観察しているうちに、好きとか嫌いといった思いや感じも生まれてきます。

次に、しばらくレーズンの匂いをかぎ、最後に、うまく口に持っていくために腕が手を持ちあげ、心と体が食べものを予期して唾液を出すのを意識しながら、唇にレーズンを乗せます。そのまま口に入れ、一粒のレーズンの本当の味を確かめながら、ゆっくりとかみしめます。

十分にかんだら、飲みくだすときの感触を確かめながら飲みこみます。飲みこむという行為でさえ、意識的に体験することができるのです。飲みこんでしまうと、自分の体が、レーズン一粒分だけ重くなったような気がします。実際にそう〝感じる〟ことができるかもしれません。

（カバットジン前掲書、四六―四七頁）

このような、「今」に留まる一種の「瞑想」は、食事だけでなく生活のあらゆる場面で実践することができ——食器を洗うとき、メールを書くとき、家族と話すとき——私の理解が正しければ、アリストテレスの言う「活動（エネルゲイア）」とも親和的なものです。つまり、過去の後悔や、未来の心配や、現在の雑念に振り回されることなく、ある「今」を十分に味わいつつ行為することは、その「今」において自分のもつ「徳（アレテー）」を十全に発揮することでもあるからです。

形式的特徴

外在的幸福の話を経て、時間的分配の話を見ました。ここでもう一度、柏端達也さんの前掲論文に目を向け、別の論点を取り出してみたいと思います。「幸福の形式」という、その論文のタイトルの通り、それは幸福の論理的な形式——幸福という概念が満たすべき条件——に関わるものです。

同論文の前半では、幸福と不幸にあてはまるとされる形式的特徴が挙げられています。[1]から[5]までの特徴のうち、まずは[2]までを見てみましょう。なお、

［1］に出てくる「文的な形で表すことのできる何か」とは、文で表現される事態のことと考えて差し支えなく、たとえば、「太郎が明日のマラソン大会でゴールをすること」などがその例として挙げられます。

［1］幸せと不幸にはその主体とその対象がある。主体とは典型的には人であり、対象とは文的な形で表すことのできる何かである。

［1・1］ある対象が幸せなことか不幸なことかは主体に相対的である。同一の対象が人によって幸せであったりなかったりする。（たとえば最後のケーキを兄が食べることは、兄にとっては幸福だが、弟にとってはそうでない。）

［1・2］ある主体の幸せや不幸は対象に相対的である。つまり人は、あることで幸福であると同時に、他のことで不幸であることができる。（最後のケーキを食べることで兄は幸福であるが、弟からの信頼を失う点で兄は不幸である。）

［2］幸せや不幸の対象は、典型的には、偶然的で時間的（一時的）な何か

である。あるいは、偶然的で時間的な何かと関わっている。トートロジー［引用者注：すぐあとで解説］などは誰にとっても幸せでも不幸でもないだろう。

（同論、七二頁）

［1・1］と［1・2］は、［1］に関する補足的特徴です。［1・1］が主体相対性についての分析であるのに対し、［1・2］は対象相対性についての分析であると言えます。［2］に出てくる「トートロジー」とは論理学的な表現であり（もともとの意味は「同語反復」）、「独身者は結婚していない」とか「Aであり、AならばBであるなら、Bである」のような、定義的・論理的な必然的真理――言葉の定義や論理によって、成り立たないことが不可能であるような真理――を指します。こうした真理はまさに必然的なので、あるときにだけ、たまたま成り立つような、偶然性をもちません。（ところで、もし［2］が正しいとして、さらに神が必然的な存在だとすると、「神が存在すること」は――偶然性をもたないため――幸せでも不幸でもないことになります。）

つづいて残りの特徴を見ましょう。

［3］幸せや不幸は程度を許す。それゆえ順序づけが可能である。（最後のケーキを兄が食べることは、最後のアイスを兄が食べることよりも、弟にとって不幸なことである。）

［4］あらゆる幸せと不幸が比較可能であるとはかぎらない。幸不幸の順序づけは完備的でない。（最後のケーキと弟からの信頼のどちらがより多くの幸福を兄にもたらすかと言われると困るが、かといってそれらは正確に等量の幸福を兄にもたらすわけでもない。）

［5］幸せや不幸は幸福感や不幸感と同じではない。幸不幸は、主体の内在的な心的状態（快不快など）に還元されない。主体の内在的な心的状態（欲求など）に本質的に結びついているとさえ考える必要はない。（最後のケーキを兄が食べることは、たとえ弟がそれに気づかなかったとしても、弟の不幸である。弟からの信頼を失うことは、たとえ兄がそのことに痛痒を感じなかったとしても、兄にとっての不幸である。）

（同論、七二―七三頁）

著者は以上の特徴をもとに、「正邪（せいじゃ）」「好悪（こうお）」などの対概念から「幸不幸」の対概念を区別できると述べます。正邪とは道徳的善悪のことですが、正邪は［1・1］を満たさない――「ある人物にとってそうである」といった主体相対性をもたない――点で幸不幸と異なる、というのです。日本で悪だと思われていることがイギリスではそう思われていないとか、佐藤さんが善だと思っていることを藤井さんはそう思っていない、といった「思われていること」の相対性はもちろんありますが、ここで否定されているのはそのようなことではありません。ある対象がもし善（悪）であるならば、個々人がそれを善（悪）だと思うか否かとは別に、それは善（悪）なのです（この見解についてはあとで再考します）。

さらに著者は正邪について、［3］を満たさない――順序づけを許さない――点においても、幸不幸との違いを見出せると論じます。道徳という「道」からは「外れるか外れないかのいずれか」（同論、七三頁）であって、正邪をその程度によって順序づけることはできないというわけです。この主張には異論もあるでしょうが、ここで重要なのは、正邪の順序づけと刑罰の重みづけを混同しないことでしょう。

著者は前者を認めませんが、後者についてはそうではありません。

では次に、「好悪」の対に目を向けてみましょう。著者は、好悪（趣味や嗜好）も幸不幸と同様、［1］〜［1・3］を満たすと考えますが、しかし、［5］の条件——心的状態からの独立性——については明確には満たさないと述べています（同頁）。自分でそれに気がつかないような幸不幸はありえても——たとえば、さきほど見たように、騙（だま）されていることを知らない場合でも騙されていること自体は不幸でしょう——自分でその好き嫌いに気づかないような好悪は、通常の合理的な人間には見出しがたいというわけです。これもまた検討の余地のある主張ではありますが、形式的特徴をもとに対概念を比較していく試みとして、有意義なものだと言えます。

「善悪」の意味

同論文ではこのほかにも［1］〜［5］を用いた多くの分析がなされ、幸不幸とは何かを知るうえで、それらは興味深いものです。しかし本節では、幸不幸よりもまず正邪についての同論文での分析——とりわけ正邪の概念が［1・1］（主体相対性）

を満たさないとの分析――を手掛かりにして、前節で述べた問題を考えていくことにします。幸不幸については本章の最後で、正邪との対比のもとで改めて考えることにしましょう。

本章前半で見た意味での、実在論と観念論の区別を思い出してください（→本章：実在論と観念論）。仮に、人々が悪だと思うことだけが悪であるなら（観念論的見解）、だれも悪いと思っていない行為が本当は悪い、などということはありえません。すると、今日の眼からは差別的に見える過去のある行為も、その時点においてだれも悪だと思わなかったなら、その時点では悪ではなかった、ということになりそうです。では、その行為はいつから悪になったのでしょう？　多くの人々が――いわば多数決的に――そのような行為を悪だと思うようになったときからでしょうか。あるいは、やはり公共的に、その種の行為を違法とする法律などができたときからでしょうか。

ここには、悪であることと、悪だと思うことと、悪を禁ずることとの入り組んだ関係があります。少なくとも社会制度的には、違法であることが明確な悪ですが、法こそが善悪の基準であるなら、違法とされるまではどんな行為も悪ではありません。しかし私たちは法を作るとき、その法によってある行為が初めて悪になった、と考えるでしょうか。多くの人は、そうではなく、その行為は悪だからこそあの法が作られた、と考えるのではないでしょうか。

では、法が作られるよりも前から悪である行為があったとして、その行為はどんな観点から悪だと言われているのでしょう？　第一に、その行為はそれ自体として人々の思いとは独立に悪である、といった実在論的観点が挙げられます。そして第二に、多くの人々が悪だと思うからこそ悪である、といった間主観的な（多くの主観の一致点を探る）観念論的観点を挙げることもできます。

実際には第三の選択肢として、人々ではなく私が悪だと思うから悪であるといった、個々人にまで相対化された観念論的観点がありえますが、その場合の問題点は明らかです。それぞれの人が独立に自分の感覚で善悪を決めるなら、公共的な善悪の一致はたいへん困難になるでしょう。ある人が別の人に向って「それは悪だ」と言っても、言われた方がそう思わないなら、水掛け論は避けられません。

とはいえ、はじめの二つの観点にもそれぞれ問題点はあります。実在論的な観点においては、だれも悪いと思っていない行為が本当は悪いということがありえて、たとえば左足から靴を履く行為は実在論的にはきわめて悪い、ということさえ論理的にはありえます。しかし、たとえそんな悪（あるいは善）があったとして、そんなものは私たちの実際の生活に何の関わりがあるでしょうか。私たちは、私たちの公共的な善悪観のもとで生きていかざるをえないはずです。

他方、多くの人が悪だと思うからこそ悪である、といった間主観的な観念論では、「多くの人」が具体的にどれだけの人を指すのかが問題です。少数の人々が差別的な扱いを受けている際に、残りの多数の人々がそれを悪だと思っていなければ、それは悪ではないのでしょうか。あるいは極端な例を挙げるなら、百人のうち五一人が善いと思っていることは、残りの四九人にとっても「善い」のでしょうか。

ここでは善悪の意味の問題が問われているので、多数決による決定事項を少数者もしぶしぶ受けいれるべきか、という話をしているのではありません。そうではなく、多数決化された観念論においては、多数者が善いと思うことがまさに「善」ということの意味なので、少数者の思う善のほうが本当は善いということは、原理的にありえなくなるのです（それでも「本当は」と言うなら、善悪についての実在論――認識から独立した善悪の承認――に近づくことになります）。

実在と規範

私たちは実際の生活において、善悪についての間主観的な観念論を、実在論と併用しているように見えます。善悪の具体的な判定は多数決的に進めざるをえず、少数者の意見を取り入れる場合にも、その意見は、多数者も受けいれやすい一般的原理（たとえば基本的人権の擁護など）で補強されるのが普通です。しかし、以上の作業はあからさまな多数決のもとでは行なわれません。私たちはしばしば、まるで実在論的な善悪があるかのようにして、善悪を判定していきます。人数の力に屈したのではなく、まさにそれが善だから選んだのだ、というようにして。

多数者の意見を採る場合にもこの傾向はありますが、少数者の意見を採る場合には、とくにそうすべき独自の理由があります。少数者の意見を、多数者も受けいれやすい一般的原理によって支持するとき、その一般的原理の善悪――たとえば他者を虐げることは一般的に悪である――は、当の少数者が多数者と対等の議決者（多数決への参加者）であることを前提とした多数決のもとで判断されており、この前提自体についての多数決をとらせないことこそ、少数者にとって肝心です。善悪の実在論的観点は、こうした「前提」の維持において、とりわけ重要となるのです。
たとえば少数者が多数者に対し、「私たちも同じ人間なのだから私たちを虐げるべきではない」と訴えるとき、少数者にとってもっとも重要なのは、多数者から見てその「私たち」が本当に同じ人間であるのかを多数者に決定させないことです。その「私たち」もまた同じ人間であると見なすことは、多数決的に決められてはならないはずの本当の善——すなわち実在的な善——として打ち出されます。それゆえ、かりに少数者の抵抗運動が拡大して多数者が屈したような場合でさえ、力をもったから正義になったのではなく、正義であったから力をもった、と主張しうるのです。

善悪のこの実在論的な傾向は、善悪がまさに規範的な概念（「すべき／すべきでない」の判断に関わる概念）であることに由来しています。その場の空気によってたまたま定まった善悪ではなく、実在する本当の善を目指してすべての人は調和すべきである——偽（にせ）ものの善を奉じている人々は矯正（きょうせい）されるべきである——と私たちはしばしば考えるのです（実際の法の取り決めが多数決的になされていてさえ）。この「啓蒙」精神はときに異文化間の衝突を招いてきましたが——たとえば宗教の布教の際に——、他方、どんな個々の集団においても秩序形成の核となるものです。とくに、大人が子どもを教育し、社会に溶け込ませる過程において。

善悪よりも規範性の弱いその他の価値判断については、上記の「啓蒙」から距離を取り、観念論に留まることがもっと容易でしょう。たとえば芸術的な美醜や、味覚の良しあしなど。もちろんいかなる価値判断においても「啓蒙」精神の強い人々はいますし、コンクールなどの場面では芸術的美醜も規範化されがちですが、しかし善悪に比べればやはり、好みや単純な多数決にゆだねられる機会は多いと言えます。

正邪化と逸脱

次の問題を提起して、本章を終えることにしましょう。だれであれ幸福についての持論を述べたなら、次のような反発は避けがたいものです。「あなたの考える幸福は、本当の幸福ではない」。しかし、本当の幸福とは何でしょうか。なぜ私たちは他者の幸福論に対して、そうした反発心を抱きやすいのでしょうか。幸福が完全に主体相対的なもので、個々人の価値観のみに支えられているなら、こうした反発はおこりえません。それぞれの人がそれぞれの観点から幸福について述べるだけのことです（→はじめに：「なぜ」の対立）。

幸福論が反発を招く一つの理由は、幸福と人生とが直結しており、特定の幸福論を述べることが特定の生き方を規範化するからでしょう。つまり、語り手にその自覚がなくとも、特定の幸福観を称揚することが他の幸福観を否定するものとして――先述の「啓蒙」として――受け止められるからでしょう。たとえば、アリストテレス的な幸福観の称揚が、個々人の資質の開花よりも集団の和を重んじるような幸福観の否定として受け止められるように。「本当の幸福」という表現に見られる通り、ここには実在論的観点があり、その観点から幸不幸の対が正邪化される兆しがあります。

先述の柏端論文では、幸不幸の価値判断が次を満たすと述べられていました。

［1・1］ある対象が幸せなことか不幸なことかは主体に相対的である。

同一の対象が人によって幸せであったりなかったりする。（たとえば最後のケーキを兄が食べることは、兄にとっては幸福だが、弟にとってはそうでない。）

この条件を満たすような「幸不幸」の意味は間違いなくあるでしょう。幸不幸のこうした主体相対性については、日常的な会話のなかで耳にすることも珍しくありません。しかし、一方で私たちは、主体相対性を拒むような幸不幸についても、日常的に語っています。いわば、正邪化の影を帯びた幸不幸についても、です。

このとき、それぞれの人がそれぞれの幸福を追うことは疑問視され、ある種の幸福の追求は、偽（にせ）の幸福の追求だと見なされます。「同一の対象が人によって幸せであったりなかったりする」ことが、ある種の事柄については否定されます。たとえば、「最後のケーキを兄が食べることは、兄にとっては幸福だが、弟にとってはそうでない」と言うのと同じようにして、「兄が気晴らしに弟を殴ることは、兄にとっては幸福だが、弟にとってはそうでない」とか、「兄が電話帳の暗記に一生を費やすことは、兄にとっては幸福だが、弟にとってはそうでない」と言ったりすることは認められなくなるのです（大多数の人が考える、幸不幸についての正邪の基準に照らして）。

論理的には、これは奇妙だと言えます。幸不幸の概念と正邪の概念は異なるのですから、邪なる幸福や、正なる不幸も可能なはずだからです（事実そうしたものが社会にはたくさんあるでしょう）。にもかかわらず、私たちはそのようなもの――とくに邪なる幸福――の存在をときに拒み、そして、善悪についての多数決が実在論化されたのと同じ道筋で、幸不幸についての多数決もまた実在論化されます。つまり、多数決であることが伏せられたかたちで、「本当の幸福」が提示されるのです。

ところで「邪なる幸福」という表現は、周囲の人々を犠牲にして現世的な利得を得るような人物を、まずは想像させるでしょう。道徳的悪としての「邪」の意味を、公共的・社会的な「邪」として理解することで。それは誤りではないですが、本節で述べようとしていることの半面でしかありません。

邪なる幸福の実践は、悪徳政治家や火宅の人のような、いわば「精神的外交者」によってだけでなく、私的な美と快に殉じた「精神的独居者」によってもなされます。たとえば宮崎駿監督の映画『風立ちぬ』の主人公がそうであり、彼の人生の一部が、零戦の開発というかたちで公共的にも――多くの戦死者を生んだという意味で――「邪」となったのは、彼の人生全体の「邪」にとって副次的なことにすぎません。前者は後者のより純粋な「邪」をむしろ隠してしまうものであり、それを避けようとしたからこそ、この映画での戦争は遠景にのみ在るのです（零戦開発は明らかにアニメーション映画開発と等価なもの――同様の「美」「邪」「薄情さ」をもったもの――として描かれており、戦争や死者を表に出さないことで、両者の等価性が示されています）。

とはいえこの主人公の例も、私が伝えたいことを不十分にしか伝えられていないでしょう。なにしろ飛行機は、公共的に空を飛び、公共的に（戦争も含めて）役に立ちます。そして飛行機は、あの主人公にしか見ることのできない特別な美をもっているとしても、おそらくは、その劣化品としての公共的な美――彼以外にも分かる一般的な美――を併せもっています。

私が本当に出すべき例は、いっさいのこうした公共的な「益」と隔絶した例でしょう。しかし、まさにこの隔絶ゆえに、そのような例を出すことはできません。気晴らしに人を殴ることや電話帳を暗記し続けることでさえ、実は多くの人々にとって理解可能な「益」をもったものにすぎません（小説の『金閣寺』にせよ『春琴抄』にせよ）。公共的な「益」との隔絶は、時間的な物語性をもった人生的価値からの隔絶でもありえます。真に瞬間的で私的な耽美は、他者だけでなく未来の自分にさえ、なぜそれが耽「美」なのか、けっして分からないものなのです（→第6章：恋愛のようなもの）。

だれにも理解されることのない、その人だけの美と快に殉じた生活を私はいま描くべきなのですが、それがなぜ美や快だと分かるのかという疑問を含めて、これはなしがたい課題です。にもかかわらず、そのように生きる人々が存在することを私は信じていますし、彼らのなかには、いっさいの公共的な「益」だけでなく、いっさいの公共的な「害」をもたらすことからも隔絶した人々がいると信じます。つまり、まったくその人だけの人生を邪なものにする生き方において、その人だけの幸福に生きる人々が、です。

（本章では次の拙稿が加筆のもとで部分的に使用されています。エッセイ「幸せで、それを知っているなら」、『群像』二〇一〇年三月号所収、講談社。論文「幸福の規範化と、私的な逸脱」、『山口大学哲学研究』第一二巻所収、山口大学哲学研究会。）

II

第3章　幸福と不幸をかたちづくるもの〈1〉

健康とお金

幸福とは何かを考えるうえで、第Ⅰ部で見た問題は重要です。しかし私たちの生活における幸不幸はもっと具体的で生々しいものではないか、という感想をもたれた方がいたとすれば、その感想にも私は同意します。

第Ⅱ部ではもう少し雑多なことがらに即して、幸福と不幸を考えてみましょう。第Ⅰ部での話が山頂から周囲の地図を描くような仕方でなされていたとするなら、第Ⅱ部では山の中腹くらいから、断片的な地図を描いてみようというわけです。おそらくは、それでもまだまだ具体性が足りないと思われる方もいるはずですが、地図ではなく個々の建物などを近くで写実することは、私の力量を超えていますし、本書の目的とも異なります（そうした写実の試みについては、良い本がすでにたくさんあります)。

最初に取り上げるのは、健康とお金です。一定以上の健康とお金は幸福にとってとても重要ですが、その重要性はきわめて明白なため、改めて述べるべきことは多くありません。つまり、十分な健康やお金がどのような点で人生をより良いものにするか――逆に不十分な健康やお金が人生をいかに悪いものにするか――を私たちはすでによく知っているのです。また、健康やお金を得るための手段は、幸福の話とは独立に語られるのが普通でしょう。それらの手段については専門家によって個別のノウハウがたくさん語られており、本書で述べるべきことはやはりありません。

さて、健康やお金の不足による不幸はいわば「地に足の着いた」不幸であり、まさに現実的な不幸なので、それらに直面しているときは他の不幸が瑣末(さまつ)なものに見えます。皮肉なことに、そうした「地に足の着いた」不幸は、その他の日常的な心配事や不満をかき消してくれるのです。健康やお金の不足による不幸は、その意味で、優先順位の高い不幸だと言えます(鍋に春菊を入れるとすべて春菊の味になってしまうのが許せない、と言った知人がいましたが、健康やお金の不足もこれに似ています)。

しかし、ここで私たちは次のことを見ておくべきでしょう。優先順位の低いその他の不幸が、必ずしも、本当には瑣末でないことを。健康やお金の不足に比べればずっと小さな悩みであっても、そうした小さな悩みに向かい合うことで、文化や生活は色鮮やかなものになります。たとえばすべての芸術家が、ある程度の健康とお金があれば作品の細部はどうでもよい、と考えて悩むことをやめたら、この世界はずっとつまらないものになるでしょう。芸術に限らず、仕事一般や趣味一般についても、まったく同じことが言えます。

　健康やお金は幸福をかたちづくる土台であり、その土台が崩れれば、幸福は大きく揺らぎます。しかし、これはちょうど電気がなければエアコンもコンピュータも使えないというのに似ていて、健康やお金はさまざまな活動をなすための動力ではあっても、それ自体を目的としたものとは言えません。そして、電気なしのエアコンやコンピュータは一見ただのガラクタに見えますが、その精巧な仕組みには裏づけがあり、ふたたび電気が戻ったならば、それらは立派に力を発揮します。電気なしのエアコンやコンピュータは、その意味において明らかに、ただのガラクタとは違うものです。同じことが、健康やお金によって初めて実現しうる、さまざまな生活の彩りについても言えます。

ところで健康とお金のいずれかが――あるいは両方が――欠けていても幸福になりうるという話は、それらをある程度もっていることが基本になっている話です。それらが致命的に欠けている場合には、幸福になることはやはり困難だと言えます（『絶対貧困』（石井光太、新潮文庫）のような取材記を読みますと、そう考えざるをえません）。最低限の健康やお金がなければ、自分ひとりの生活だけでなく、身近な人々の生活も守れません。アリストテレスなどはいかにも現実主義者（リアリスト）らしく、健康やお金はもちろん、容姿や生まれのよさなども幸福になるには欠かせないと述べていますが、反発を招きそうなこの見解は、彼の冷静な人間観察に基づいています。

にもかかわらず、健康やお金が致命的に欠けていても幸福であるように見える人物――、そうした人物はたしかにおり、周囲の人々に感銘を与えます。しかし、そこでは本書に出てくるいくつかの話が絡み合っています。たとえばその人物は、賞賛されるべき人生ではなく祝福されるべき人生――エウダイモンな人生（→第1章：エウダイモニア）――を生きていると言えるでしょうか。あるいは、その人物に感銘を受けている周囲の人々は、自分が幸福だと知るために、その人物を利用していないでしょうか（→第2章：現実の背後）。いずれにせよ、そうした人物が感銘を与えるのは、そのような逆境において幸福になることは難しいと、多くの人々が考えているからなのは間違いありません。

仕事と立場

仕事は幸福の源であるとともに不幸の源であり、生きがいにもなれば、苦しみにもなります。その違いはかなりの程度、アリストテレスの言う「活動（エネルゲイア）」と「過程（キーネーシス）」との違いに重なるでしょう（→第1章：活動か作業か）。仕事における個々の行為が、それ自体を目的とし、それ自体において徳（アレテー）が十全に発揮される「活動」であるならば、その仕事は生きがいにつながります。他方、仕事における個々の行為が、それ以外の何かを目的とし、その目的のためにさせられる「過程」ばかりであれば、仕事は苦しみにつながります。

ところで、そのような意味で仕事を「させられる」とき、私たちはいったい何のために仕事をするのでしょうか。その答えはまずはお金であり、ひいてはお金によって維持される生活や家庭ですが、そのほか立場というものを検討しておく必要があります。すなわち、「させられる」仕事の直接的な目的としての、立場の維持についてです。

無給での家事・育児・介護の従事者や、完全な個人の投資家などを除けば、労働者は実際の労働量のほかに立場を考慮した賃金を得ます。ですから立場を守るのは、やはりお金のためとも言えますし、あるいは名誉のためとも言えます。しかし、ここではそう即断せず、お金や名誉とは独立のものとしての、立場について少し考えてみましょう。

その場合にまず思い至るのは、行使できる「力」の源泉としての、立場です。これはいわゆる権力とも重なり、所有者の私利私欲のために使用することもできますが、しかるべき活動に注力するための条件でもあります。「実力」という表現との関係で言えば、ある成果を出すための潜在能力だけがあっても、それは第1章で述べた可能態（デュナミス）にすぎず、それだけでは実力とは見なせません。そうした潜在能力は、それを実現しうる立場と合わさって初めて真の実力となります。つまり、高い立場にいることは、自分の徳を発揮しうる活動の選択肢を広げるような、場の形成力をもつことでもあるのです。

立場の高さゆえに責任が増し、「させられる」過程が増えることはよくあります。しかし、その立場が本当に何らかの実質的な「高さ」をもっているなら、行使できる力は何かしら増えているはずですし、仕事の場面で動かすことのできる「駒」の種類や数も増えているはずです。動かせる駒が増えれば、勝負に勝ちやすいだけでなく、勝負のなかで自分の潜在能力をより十全に発揮できるでしょう。

俗物的な私利私欲とは独立に、立場というものを守る必要があるのは、自分の徳を発揮しうる活動の場を守るためです。音楽家であれば演奏をする場を、格闘家であれば試合をする場を、起業家であれば事業をする場を守るためです。この意味では、立場を守るというのは必ずしも卑(いや)しいことではなく、むしろ、アリストテレスの言う意味でよく生きる(エウ・ゼーン)ためには欠かせない義務とさえ言えます。にもかかわらず、そうした防衛がしばしば卑しいものに見えるのは、徳の発揮の場を守るためでなく、保身や権益確保（拡大）のためにのみ――不透明な駆け引きを通じて――それがなされているからでしょう。

立場の階層化や固定化が社会問題の温床(おんしょう)となる点は、けっして無視できません（↓本章：格差について）。この点については改めて述べるまでもなく多くの警告が発せられていますが、とりわけ、親の貧富が子の貧富に引き継がれるかたちでの階層化は、自己責任論から距離を置いている——教育の機会そのものに初めから大きな格差があるので、低い階層にいることを本人のせいとは見なしがたい——点でその弊害が明確です（『子どもの貧困　日本の不公平を考える』（阿部彩、岩波新書）等を参照）。他方、立場というものを何もかも批判する人が見落としがちなのは、過去の実績と結びついた立場が、ある瞬間的な仕事の出来だけでなく、仕事についての継続的な防御力をも保証する「看板」の役目を果たすことです。ここで言う防御力とはつまり、良い仕事をするための場所と能力を維持するために、さまざまな犠牲を払い続けることのできる力です。この力が軽視されがちなのは、そこで払われている犠牲の多くが部外者の目には見えないからですが、逆に言えば、それがどのような犠牲かをよく知っている同業者ほど、この力にプロフェッショナリズムを見出します。

結婚と出産

人生において選ぶことのうち、就職を除くと、結婚と出産（子どもをもつこと）はとくに大きなものでしょう。どちらについても、「したい」「したくない」の区別と「する」「しない」の区別とがあるので、単純にいって四通りの組み合わせがあります。つまり、したくてする、したくないがする、したいがしない（できない）、したくないしないしない、の四通りです。

結婚の場合は、「だれと」という選択が含まれている点が、出産と異なります。この点においては、結婚は出産よりも就職に近いと言えます。結婚も就職も「だれ」ないし「どこ」が相手かが重要であり、それによって「したい」「したくない」が変わるからです。他方、出産の場合は、特定の相手を選ぶことができません。結婚と出産はどちらも家族が増える出来事ですが、この点に決定的な違いがあります（もちろん文化によっては、相手を選べない結婚もありますが）。

現代の日本では、相手のことをまったく知らずに結婚することはまずありません。結婚する前に相手と出会い、気に入ったから結婚をします。つまり、結婚相手は初めから結婚相手として現われるのではなく、友人や同僚などとして現われ、結婚相手の候補を経て、のちに結婚相手となります。お見合いの相手も例外ではなく、やはり結婚相手の候補であったものが、のちに結婚相手になるわけです。

ところが出産はそうではありません。子どもは、子どもの候補としてではなく、いきなり子どもとして現われます。ですから、親の側からいえば、ある子どもを作るかどうかをその子どもに出会ってから決めることはできません。親は子どもを作るかどうかを漠然と計画することはできても、特定の子どもを狙って作ることはできないのです。それゆえ、「子どもを作ろう」という思いは、現実に生まれてくるあの子どもではなく、抽象的で一般的な概念としての「子ども」に向けられています。

赤塚不二夫の漫画『天才バカボン』に出てくるバカボンのパパは、知り合ったばかりのバカボンのママに「早く結婚してバカボンとハジメを生みましょう」と言いました。これはもちろん、男の子を二人作って「バカボン」と「ハジメ」と名付けましょう、という意味ではなく、あのバカボンとあのハジメを作りましょう、という意味です。こんなことができるのは、バカボンのパパくらいでしょう。われわれ普通の人間は、そんなふうに子どもを作ることはできません。「子どもは親を選べない」と言いますが、親も子どもを選ぶことはできず、実際に生まれた子どもに対して、これでいいのだと言うしかありません。

結婚と出産では、人間関係の時間性が異なります。結婚相手には、結婚相手になるまでの過去があり、その過去の一部を自分と共有しています。恋愛結婚の場合なら、恋愛の期間を共有しているのです。しかし子どもはどうでしょうか。子どもには、子どもになる前の過去がなく、もちろん、自分と共有している過去もありません。だから、過去の勢いを借りて結婚をすることはできても、過去の勢いを借りて子どもを作ることはできません。意図して子どもを作るには、結婚とは別種の思い切り――あるいは深く考えないこと――が要り、まさにそのことによって結婚にはない崇高さがともないます。

育児の個別性

育児のただなかにいる人にとって、子どもをもつことが幸福かどうかを二択で答えることは困難です。彼らはある一般的な子どもではなく、個別的で具体的な子どもを――しかも「候補」から選んだのではない子どもを――育てており、個別的で具体的な喜びや苦労のなかにいるからです。とくに育児が大変な時期には、個別的で具体的な嵐のなかにいると言っても言い過ぎではありません。
（育児経験のない人に育児の大変さは分かりづらいものですが、育児経験のある人でも、自分と違う事情を抱えた他の育児の大変さは、本当には分かりません。そのことがときに、育児経験者による他の親子への——たとえば漫画『光とともに…　自閉症児を抱えて』（戸部けいこ、秋田書店）で描かれているような——悪意のない偏見を生みます。）

公園で楽しそうに遊ぶ親子や、あるいはテレビCMに出てきそうな親子の団らんの場面などを見ると、育児経験のない人々はそこに、子どもをもつことの一般的な幸福が存在するかのように思うかもしれません。でも、それは錯覚です。公園で遊ぶ親子の姿に一般的幸福の幻が見えるのは、親がそこで一般的な型にのっとって親をやっているからであり、その内面には多様なものがあります。

小説『アンナ・カレーニナ』の冒頭でトルストイは、幸福な家庭はどれも似ているが、不幸な家庭はそれぞれに違う、と書きました。これはもちろん嘘ですが、しかし、こうしたレトリックにうまさを感じるという事実にはそれなりの根拠があります。ある家庭の幸福が——とくに偶然から始まった親子の幸福が——幸福な家庭という一般的な型のなかで実現されるとき、本来は個別的であり具体的であるその幸福は、まさに幸福であるがゆえのゆとりによって、型のなかに収められても破綻（はたん）しないのです。逆に言えば、そうした型に収まらないほどに突出した個々の困難があるとき、その家庭は不幸に近づきます。だから、幸福な家庭はどれも似て見えるのです。

　ところで、幸福な家庭という型のもとで、やはり一般的な型に合った「幸福な育児」を実践する親たちは、よほど嫌味な人でもない限り、自分たちのゆとりをひけらかしているのではありません。むしろ彼らはかなりの場合――本当はあまりゆとりがなくとも――義務感のもとでそうしており、それを親の務めだと自認しています。個別的で具体的な育児の苦労はあまり公にすべきものではなく、育児の不幸を語りすぎるのは、親として不道徳だと感じているのです。

　誤解のないように述べておけば、育児の幸福というものはもちろんあり、そこにはある程度の類似性もあります。ただそこに、人生にオプションとして任意に付加しうる一般的幸福があるかのように考えるのは誤りだということです。先述の通り、私たちは「一般的な子ども」を作るかどうかしか選べませんが、他方で、育児についての一般的幸福をもつかどうかを選ぶことはできません。育児の幸福は、ある特定の子どもとの関係のうえにのみ成り立つものであり、その幸福を作り上げた場合とそうでなかった場合との一般的比較がなりたたない点に、その価値の本質があります。

ですから、いま子どものいない人が子どもをもつべきか否かを判断することは、いま子どものいる人が子どもをもつことの良しあしを考えるのと、じつはまったく別のことです。後者にとって、子どもをもつ人生とそうでない人生との一般的比較はもう空虚であり、肝心なのは、あの特定の子どもが存在したほうが良かったかどうかです。そして、こう問われたなら「はい」としか答えようのない心境こそ、親に特有のものでしょう。この心境は、美しいとか麗しいといった形容の当てはまらない、もっと原始的で生々しいものです。

ムーピーの懐疑

他者に愛されたいという気持ちは、自分自身を重要な存在だと感じたいという渇望、いわば「重要感」の渇望と結びついています（↓第4章：自己の重要感）。しかしその気持ちは、自分の何か素晴らしい点を褒められたいという気持ちとは微妙に異なっています。二つの気持ちはもちろん両立可能で、同じ相手に両方を同時に求めることもありますが、それでも両者は異なっているのです。

愛されることによる重要感の充足は、自分の美点への賞賛というより、自分の存在への祝福（存在そのものの肯定）としてなされます。自分という人間がいることは——たとえ特別な美点などなくとも——それ自体として祝福されるべきことだと、他者からの愛は感じさせてくれるのです。これはけっして綺麗ごとではなく、人間のいわば野生の傾向です。ある種の文化的洗練（ソフィスティケーション）によってこの傾向から脱することはできますが、それはきわめて困難であり、かつ欺瞞性を含んだ試みです。

自分の存在への祝福になぜ他者を必要とするのか。これはたいへん底の深い問題です。自分の存在は祝福されるべきものだと、他者はたんに「感じさせてくれる」だけにすぎないとしても、その「感じ」の創出になぜ他者が必要なのでしょうか。自分一人の内部においてそうした創出を行なうことは、なぜきわめて難しく、言語的欺瞞（ソフィスティケーション）をしばしば招くのでしょうか。

手塚治虫の漫画『火の鳥　未来編』には、ムーピーと呼ばれる異星の生物が登場します。子どものころに私は同書を読んで強い感銘を受けましたが、しかしその感銘の核にあったものを言語化できたのは、比較的最近のことです。進化史をゼロからやり直すという物語の時空的な壮大さ以上に、ムーピーについてのある懐疑こそが、感銘を生んだことに気がついたのです。

ムーピーは不定形生物であり、醜いスライムのような姿で描かれていますが、さまざまな形に姿を変えることができます。異星から地球に持ち込まれたムーピーたちは愛玩犬（あいがんけん）や植物などに姿を変えて、人々のペットとなりました。人々はムーピーを可愛がりましたが、それは変身能力や彼らの従順な性格に加えて、「人間の脳をくすぐる」ある能力をムーピーがもっていたためです。人々はその能力を借りて、一種の催眠ゲームである、ムーピー・ゲームに耽溺（たんでき）しました。人々はムーピー・ゲームによって、自分の望む幻覚の世界で――たとえば美しいハワイの海辺で――ムーピーと戯れることができるのです。

主人公である青年のマサトは、人間の美女に変身したタマミという名のムーピーと暮らしています。物語の開始時点ですでにムーピーの飼育は厳罰化されており――ムーピー・ゲームが危険視されたためにムーピーは虐殺されました――タマミは希少な生き残りとしてマサトの家に隠れ住んでいます。マサトとタマミは作中で恋人のような関係として描かれており、マサトはタマミを守るべく、エリートの立場を捨てて二人で国外へ逃げます。

同書のメイン・ストーリーについては——人類滅亡後の地球に残された「死ねない」人間であるマサトの物語——ここではあえて、ほとんど触れません。以下では同書を読まれた方に向けて、私の「感銘」を言語化してみます。

不定形生物としてのムーピーは、それ自体としてはグロテスクな姿をしており、もちろんタマミも例外ではありません。人間に化けたタマミの美しい容姿をマサトは愛していたでしょうが、それが真の姿ではないことを、マサトはよく知っていたはずです。しかしマサトは、その仮の姿とは別にタマミの心を愛したからこそ——そしてタマミと自分の心が強くつながっていると信じたからこそ——すべてを捨てて国外逃亡を図ります。マサトにとってタマミの心は、それだけの価値のあるものだったのです。

でもムーピーがもし、飼い主の望む変身姿を「脳をくすぐって」幻視させるだけでなく、飼い主の望む心を「脳をくすぐって」幻視させる存在であったら、どうでしょう。そしてムーピーそのものは――人間はだれも気づいていないが――心なんてまったくもたないのだとしたら。ムーピーとは実は心をもたない「心の映写機」のようなものではないかという懐疑は、マサトとタマミとのムーピー・ゲームの印象を一変させてしまいます。愛情に満ちた二人のゲームは、マサト一人による、しかしマサトはそのことを知らない、虚無的なゲームとしての相貌（そうぼう）を見せるのです。

私はこの「ムーピーの懐疑」を、ひねくれた懐疑とは思いません。少年時代の私もまた、明確な言語化はできずともこの懐疑に触れており、だからこそ畏怖（いふ）をともなう強烈な感銘を受けたのです。手塚自身はムーピーをあくまで生物として描いていますが、それでもなお、同書におけるムーピーはこのような懐疑を可能とする存在です。だからこそムーピーはmovie（ムービー）と似た名をもっており、さらにmovie（ムービー）による心の幻視は、「未来編」の後の「宇宙編」であからさま過ぎるほど明確に描かれています（この主題は「復活編」において、より見事に作品化されています）。

人類滅亡後、マサトはもう一度人間を造ろうと厖大（ぼうだい）な年月を費やします。彼が真に造りたかったのは「他者」であり、それはつまり、自分の心以外の心が存在すると信じさせてくれる何かです。とはいえ、他者の心を幻視する者は、それが幻視であることをけっして知っていてはなりません。それゆえ彼は、一種の「映写機」にすぎないロボットを造り続けることに絶望し、心が生じうる器としての生物の創造に従事します。

マサトの孤独は結局のところ、知的生物の誕生によっても埋まりません。それは彼の孤独が初めから、幻視によってしか埋められないものであったからでしょう。心を幻視することへの渇望と、その幻視の器（うつわ）となる——後述の意味での——美しい女性の幻像への渇望。『火の鳥』を含む手塚漫画にはこの渇望が繰り返し現れますが、それはおそらく、この渇望が手塚自身の渇望であり、そして漫画（器の幻像）を描くことが彼のムーピー・ゲームであったためです。

心を幻視させるための器が、それもまた幻像でありうる——。この二重性は、ムーピーの懐疑をより興味深いものにしますが、性愛と重要感の関係を考える際にも意義をもつでしょう。性愛の対象に「器の美」を求めるのが仮に自然だとしても、重要感を満たしてくれる他我（他者の心）になぜ——性愛とつながるような——「器の美」を求めるのでしょうか。タマミが美しくもなければ女性でもなかった場合、私たちが『火の鳥　未来編』をどのような作品として受け止めたかは、考えてみるに値する問題です。

翻訳の問題

しばらく前に日本でも、ブータンでの幸福度調査の結果が話題になりました。「あなたは幸福ですか」という質問に対し、九七％近くの国民が肯定的に回答した、というのがその趣旨です（二〇〇五年度国勢調査。この結果の信頼性についてはいろいろな指摘がありますが、本節ではその点には触れません）。さらにブータンは、国民総生産（GNP）ならぬ国民総幸福（GNH）の増加を政策に掲げた点でも知られています。

ところが面白いことに、ブータンの国語であるゾンカ語には「幸福」をぴったり表す言葉がない、という話があります（『美しい国ブータン』、平山修一、リヨン社、二〇〇七年、一一四頁）。英語教育は盛んであり、「GNH」のゾンカ語訳にあたる非日常的な表現もあるようですが（『ブータンに魅せられて』、今枝由郎、岩波書店、一六二頁）、少なくとも、私たちの幸福概念と同じものをブータン人ももっているとは即断できません。このブータンの話を聞くと、少なからぬ哲学者が「エウダイモニア」のことを思い出すはずです。第1章で見た通り、「エウダイモニア」は「幸福」と訳されることの多い古代のギリシア語ですが、この言葉をどう訳すべきか（解釈すべきか）は哲学者たちにとって長年の難問です。

もしかすると、ゾンカ語やギリシア語だけでなく、日本語や英語なども含めた各言語に共通する「幸福」概念は存在しないのかもしれません。「あなたは幸福ですか」という質問と"Are you happy?"という質問は、強い相関をもちながらも別の質問でありうるのです。小説家はもちろん人文系の学者のなかにも、母国語以外で著作を書くことを好まない人々がいますが、そこにはこうした翻訳可能性の問題も関わっています。

（ある言語で書かれた論文を、必ず他の言語にも訳せるとは限らないのですが、このことはしばしば無視されているように見えます。なお、自然科学の分野でさえ、何語で考えるかはきわめて重要であるとの指摘については『日本語の科学が世界を変える』（松尾義之、筑摩選書）を参照。）

ところで、二〇一〇年のブータンでの幸福度調査——上記調査とは別のもの——はたくさんの質問項目から成っています（http://www.grossnationalhappiness.com 参照）。それらは、健康、生活水準、環境保全、共同体の活力、文化の多様性などに関わるものであり、そうした調査で得られた結果は、ブータンにおける何らかの「よさ」をたしかに反映しています。しかし、ここで私たちは次のことを忘れてはいけません。その結果に基づく幸福度の調査は、質問作成者たちの幸福像――どのような生活が幸福だと思うか――に決定的に左右されていることを。

　これは、幸福についての調査一般に見られる難題です。具体的な項目を挙げて、多角的かつ客観的に人々の幸福度を測ろうとすると、どうしても質問作成者たちの幸福像を押し付けてしまう――。〈はじめに〉で見た客観的リスト説の問題点が、ここでは調査の信頼性への疑問というかたちで現われています。

　しかしこの問題を避けるために、ただ「幸福ですか」と問うだけでは質問が漠然としすぎていますし、さらに多文化間での調査を行なう際は、さきほど見た翻訳可能性の問題があります。「あなたは幸福ですか」と各国で訊こうにも、その質問を同じ意味のまま各国語に訳すことは不可能かもしれないのです。

調査の問題

心理学における主観的幸福度の調査では、たんに「どのくらい幸せですか」と問うだけでなく、数項目の質問をすることで、調査の信頼性が高められています。たとえば、心理学者エド・ディーナーらの人生満足尺度（ＳＷＬＳ）は次の五項目から成ります。回答者はこれらの質問に対し、一点（まったく当てはまらない）から七点（非常によく当てはまる）までの数値をもって答え（「どちらともいえない」は四点）、全項目の数値の合計がその人の満足度であるとされます。

1　ほとんどの面で、私の人生は私の理想に近い。
2　私の人生は、とてもすばらしい状態だ。
3　私は自分の人生に満足している。
4　私はこれまで、自分の人生に求める大切なものを得てきた。
5　もう一度人生をやり直せるとしても、ほとんど何も変えないだろう。

（『幸せを科学する』、大石繁宏、新曜社、四八頁）

一つの目安として、三〇点以上であれば非常に満足度が高く、二五点以上であれば「だいたいにおいて順調」、二〇〜二四点が平均であり、過去の調査では、日本の大学生の平均が一八〜二二点、アメリカの大学生の平均が二三〜二六点、そしてアメリカの男性囚人の平均が一二・七点であるとの報告があります（大石前掲書、四九―五〇頁）。

こうした調査の結果が、人生における何らかの「よさ」を反映していることは間違いないですし、ブータンの二〇一〇年度調査に比べると、質問の抽象性が高いぶん、質問作成者たちの幸福像が影響する余地も少ないと言えます。ただ、もちろん、上記の五つの質問も「幸福」の一種の翻訳であるため、各々の質問が幸福度調査に適切かどうかについては、議論の余地があるでしょう。

たとえばフレッド・フェルドマンは、「質問３：自分の人生に満足しているかどうか」や、「質問５：人生をやり直せるとしても、ほとんど何も変えないかどうか」が、主観的に幸福かどうかと一致しない可能性があると指摘しています（*What Is This Thing Called Happiness?*, Ch. 1, Oxford University Press）。たしかに、「自分の送ってきた人生には満足しているが、他の人々の苦境が気にかかり、私は不幸である」とか、「私はとても幸せだが、もし人生をやり直せるとしたら、今度は全然違ったことをしてみたい」といった考えをもつ人がいても、まったく不思議ではありません。とくに質問5については、現在の主観的幸福度だけでなく、好奇心の強さや、今回の人生における出会いへの愛着が、大きな意味をもってきます。

少し前に私が育児について述べたことは、この文脈でも意味をもつでしょう。育児を経験してきた人々のなかには、もしもう一度人生をやり直すとしたら子どもを作らないだろうと考える人もいるはずですが、しかしそのように考えながら、同時に、「あの」子どもを育ててきた自分は幸福であったと考えることもできます。ここに、まったく矛盾はありません。同じことを、次のように言い直してもよいでしょう。もし人生をやり直すとして、「あの」子どもを作れるのならば作るが、「あの」子どもではない不特定の子どもならば作らないだろう、と考えることに矛盾はない、と。

心理学の助言

研究上の一つの方法論として、人生満足尺度（ＳＷＬＳ）などの指標をひとまず受けいれてしまうなら、「幸福度」を左右する条件に関して、多くの知見が得られます。そのなかには、幸福についての常識的な考えを再検討させるものもあり、それらは、幸福の一つの側面――「唯一の」である必要はない――を理解するうえで興味深いものです。

よく紹介されるのは、所得と幸福度との関係です。ある一定の所得を超えると、所得の高さは幸福度の高さとさほど関係しないという報告が複数あります。たとえばダニエル・カーネマン（心理学者・経済学者）たちの二〇〇六年の調査によると、年収五〇〇〜八九九万円のグループと、年収九〇〇〇万円以上のグループで、幸福度はほとんど変わりません（大石前掲書、八一頁）。さらに、別の調査では、家や車を含めた物品の購入もさほど幸福度に関係しないとの報告があります（同書、八五―八八頁）。

日本国内における調査については、『日本の幸福度』（大竹文雄＋白石小百合＋筒井義郎編著、日本評論社）に詳しいですが、日本においても、所得と幸福度について同様の調査結果が出ています。一人ひとりの所得ではなく、国の平均所得水準に注目した場合も同様であり、たとえば、一九五八年から一九九八年までに日本の実質GDPは六倍になったにもかかわらず、生活満足度はさほど変化していません（同書、二七〇―二七一頁）。

多くの国で見られるこの傾向については、順応仮説と相対所得仮説が有力な仮説として提唱されています。順応仮説とは、生活水準の向上にはすぐ慣れるため、幸福度がいったん上がってもすぐ元に戻るという仮説です。他方、相対所得仮説は、絶対的な所得ではなく、周囲と比べた相対的な所得が幸福度にとって重要だという仮説です。

収入以外にも、主観的幸福度にあまり関係しない要素はいろいろと報告されていますが、それらの多くは順応仮説に合うものです。つまり、順応しやすい生活の要素は――良いことであれ悪いことであれ――幸福度に直結しにくいわけです。そうした要素としては、たとえば、性別や人種や学歴、居住地の気候や家の立派さ、知能指数や外見の良さなどが、調査の結果、報告されています。驚くべきことに、高額の宝くじに当たった場合や、交通事故で下半身麻痺を負った場合なども、一年のうちには以前と同じ幸福度に戻るという報告もあります（論文「幸福の心理学研究に対して倫理学者はどう反応するべきか」、『現代社会研究科論集』第八号所収、江口聡、京都女子大学、二・三節。『しあわせ仮説』、ジョナサン・ハイト、藤澤隆史＋藤澤玲子訳、新曜社、第五章）。

他方、順応しづらい要因や遺伝的要因は、主観的幸福度に強い影響を与えると言われます。面白いのは、騒音や、通勤時間の長さ（苦痛）なども、順応しづらい要因に含まれるという調査報告があることです。なお、遺伝的要因が強い影響を与える――たとえば抑鬱（よくうつ）傾向に関して――ことについては、双生児の研究を通して確かめられています。

このほか、他者との良好なつながり（良好な結婚関係を含む）も、主観的幸福度を高めるうえで重要な要因であることが分かっています（ハイト前掲書、同章）。その意味で、他者を愛し、他者から愛されることは、幸福にとってやはり大きな意味があります。なお、夫婦間の愛情が幸福度や子どもの成長に与える影響については、デレック・ボックの著書『幸福の研究』の第八章によくまとまっています（土屋直樹＋茶野（ちゃの）努＋宮川修子訳、東洋経済新報社）。

以上の調査報告は、主観的幸福度を高めるための一定の助言として利用できます。たとえば、すぐに順応してしまう種類の要因の向上にこだわるより、順応しづらい要因の向上につながる道を選ぶ仕方で――住居の立派さより通勤時間の短さを優先する等々――人生の選択をするといった具合です。また、通常の物品購入に比べると、コンサートや旅行のような体験型の消費のほうがより高い幸福度と結びついているとの報告もあり（大石前掲書、八七―八八頁）、これもまた選択の一つの指針となります。

ただし、これらの知見については次の点にも注意が必要です。上記の調査では、主観的幸福度と諸要因との相関関係が調べられており、因果関係――「幸福度」と「要因」のどちらが原因か――については不明瞭な部分が残ります。たとえば、既婚者のほうが独身者よりやや幸福度が高いというデータがあっても、既婚だから幸福度が高いのか、幸福度が高いから既婚なのかは、はっきりとしません（科学研究全般において、相関関係をただちに因果関係に読み替えてしまうことの危険については、『単純な脳、複雑な「私」』（池谷裕二、朝日出版社）一九―二六頁、『科学哲学講義』（森田邦久、ちくま新書）第二章等を参照）。

比較による幸福

一定以上の所得の高さは、主観的幸福度の高さに直結しない——。この結果についての説明の一つに、相対所得仮説がありました。この仮説の背後には、より一般的な仮説を見出すことができます。所得だけでなく物事全般に関して、主観的幸福度は他者との比較によって大きな影響を受けるという仮説です。以下ではこれを簡潔に、「相対仮説」と呼ぶことにします。

相対仮説の考えは、前章〈現実の背後〉で見たこの話につながっています。「他人の不幸を見ることで元気づけられる場合があるのは［…］他人の不幸を自分自身の不幸の可能性として見ることで、自分の現実に充足しうるからです。［…］あれほど自分に似ているのなら、私があの不幸を被(こうむ)っていたかもしれない。——私は幸せだ」。「この心理が反転したのが嫉妬で、異人種よりは同人種、異性よりは同性、年上よりは同世代に対してより強く嫉妬しやすいのは、相手が自分に似ているからです。［…］あれほど自分に似ているのなら、私があの幸福を得ていたかもしれない。——私は不幸だ」。

自分と他者を比べてしまうのは、他者の置かれている状況を、自分自身にとっても可能な状況として理解しているからにほかなりません。つまり、そこで行なわれているのは、現実の「私」と可能性としての「私」の比較でもあります。ですから、相対仮説については、先述したものよりさらに一般化された解釈が成り立ちます。他者との比較だけでなく、他のありえた「私」――現実以外の可能性としての「私」――との比較によって、主観的幸福度は大きな影響を受けるという解釈が、です。

相対仮説にとって重要なのは、それが主観的判断に関わる点です。自宅から一歩外に出たら必ず雷に打たれるという妄想――、この妄想に強くとらわれた人物が、自宅に閉じこもったまま晩年を迎えたとします。その人物の主観としては、外出することで多くの喜びを得ていた可能性はなく、それゆえ、そうした可能性と比較して自分が不幸だと感じることもありません。にもかかわらず、この人物に不幸であると私たちが考えるならば、そのとき私たちは、その人物は本当は無事に外出ができたと信じています。

現実以外の可能性、すなわち反事実的な可能性について、何をもって「本当は」と言えるのかは重要な哲学的問題ですが、いまはこの点には触れません。何らかの

（哲学的）根拠に基づいて、この「本当は」に意味が与えられると仮定し、その先の議論に進みましょう。雷についての妄想がまさしく妄想であるのなら、あの人物は事実として、ありえた幸福をたくさん取り逃がしています。しかし、相対仮説における主観的幸福は、あくまで当人の実感によるのであり、反事実的可能性についての真実は直接には関わってきません。

相対仮説が正しいなら、だれかに幸福の幻想を見せるには二通りの方法があることが分かります。一つは単純に、現実について誤認させる方法。たとえば、本当はだれかにだまされていても、だまされていないと誤認している人物は、主観的には幸福でありえます。そしてもう一つは、現実の世界そのものではなく、反事実的可能性について誤認させる方法です。雷の妄想の人物のように、反事実的可能性としての世界は現実より悲惨なものばかりだと誤認している人物は、やはり主観的に幸福でありえます。

（「人権」に関する教育は、反事実的可能性への誤認と強く関係しており、たとえ一時的に主観的幸福度が下がっても、その誤認を正すことを求めます。たとえば、参政権のない自分は実は不幸だったのだ、と理解させるようなかたちで。）

本節の最後にこんな問いかけをしましょう。ある感じの良い男性がおり、彼はいつでも――特別に恵まれた環境にいるわけではないですが――自分に与えられたものに充足しています。ただ彼はある習慣をもっており、毎日出かける前に、世界中の不幸なニュースやドキュメンタリーの映像を浴びるように見て、「彼ら」に比べれば自分は幸福であることを自分に心から実感させています。彼は反事実的可能性について、とくに誤認をしているわけではありません(映像自体は本物なので)。しかし、それでも彼のこの習慣に不健全なものを感じるとすれば、それはいったいなぜでしょうか。彼が幸福だと言えるならば、それはどのような意味の幸福であり、彼が不幸だと言えるならば、それはどのような意味の不幸なのでしょうか(TED 2014でのステラ・ヤング(コメディアン・ジャーナリスト)の講演は――そこで彼女が指摘する「モノ化」(objectifying)は――この問題を考えるうえで示唆的です。同講演はインターネットでも日本語字幕付でご覧になれます(https://www.ted.com/talks/stella_young_i_m_not_your_inspiration_thank_you_very_much?language=ja))。

格差について

相対仮説についてのここまでの話は、主観的幸福に関わっていました。しかし、客観性をもった幸福の要因、つまり、幸福の客観的リストに入れられるような要因についても、自分と他者との比較は重要なはずです。

客観的リストに何を入れるかは、先述の通り難しい問題ですが（↓はじめに：主観と客観）、身体的・精神的な病気の少なさや、自分の居住地における社会問題の少なさは、多くの人がそのリストに加えることを認めるものでしょう。また、自分と他者との比較においては、とりわけ明瞭な指標として、所得の差を取り上げることができるでしょう。

経済学者・公衆衛生学者であるリチャード・ウィルキンソンとケイト・ピケットの共著『平等社会』（酒井泰介訳、東洋経済新報社）では、健康問題と社会問題――平均余命・精神疾患・収監率・殺人・その他に関する――の少なさが、所得格差の少なさと、強く関係しているとの報告がなされています。つまり、所得格差の大きい国・州ほど、健康問題や社会問題が多いということです。ここで重要なのは、ある国や州の内部における所得格差の大小であり、ある国や州における各人の平均所得の大小ではありません。後者は、健康問題や社会問題の多寡にそれほど影響しないとされます（同書、第二章）。

これは興味深い指摘です。というのも、ある国や州のなかだけを見ると――常識的に予想される通り――所得下位層に健康問題や社会問題が多く発生しているわけですが、にもかかわらず、国・州が全体として豊かになってもそうした問題が減るとは限らないからです（同書、第一章）。つまり重要なのは、絶対的な所得の大小ではなく、周囲の人々との所得の差であり、そのため、全体として豊かな国・州であっても、その内部での所得格差が大きいと、健康問題や社会問題は増加するとされます。

こうした傾向があるならば、私たち人間が「比較による幸福」にとらわれがちなのは、無理もないのかもしれません。自分の属する集団（国・州・その他）において相対的に高い位置（所得）を得ることは、健康問題や社会問題から実際に遠ざかる手段となるからです。しかし皮肉なことですが、そうした問題からだれもが遠ざかろうとし、上位を目指す競争が集団全体において激化すれば、集団内の格差はますます広がります。そして、競争から来るプレッシャーは、下位層だけでなく上位層にとっても、持続的にストレスを及ぼすものとなります。

> 最も格差が大きい社会と小さい社会を比較すると、精神疾患の罹患率は五倍も違う。同様に、収監率は五倍、臨床的に肥満と診断される人の数は六倍、そして殺人率も何倍も違う。これほど大きな違いが出る理由は簡単。格差の影響は、最も恵まれない人の間だけに及ぶわけではなく、むしろ社会の膨大な構成層全体に及ぶからだ。
>
> （同書、二〇九頁）

私の理解では、この点に同書の主要な論点があります。ある集団内での所得格差の減少は、健康問題や社会問題をたんに下位層でのみ減らすのではなく、集団の全体において減らすと、ウィルキンソンたちは述べているのです。

なお、同書での分析によれば、健康問題や社会問題に関して「最も健全な国の筆頭に常にあげられるのが北欧諸国と日本」であり「最も大きく抱え込んでいるのはたいてい米国、ポルトガル、英国」とされますが（同書、二〇〇頁）、著者らはその理由を各国内部での格差の大きさに求めます。たしかに、国連『人間開発報告書二〇〇六』によると、日本や北欧諸国では「所得上位二〇％の人々の所得は、所得下位二〇％の人々の四倍にも満たない」（ウィルキンソンほか前掲書、一八頁）ですが、アメリカやポルトガルでは八倍以上となっています。

ただし、国連の上記報告における日本の調査年は一九九三年であり、近年の日本の格差については別の報告を見なければなりません。たとえばＣＩＡの調査報告を見ると、格差の指標となるジニ指数（ジニ係数をパーセント表示したもの）は二四・九（一九九三年）から三七・九（二〇一一年）へと上昇しており、日本がいまも「最も健全な国の筆頭」にいるのかは疑問です。

（https://www.cia.gov/library/publications/the-world-factbook/fields/2172.html 掲載の調査報告を参照。なお、大学教育・医療・刑務所管理といった社会の基本的な機構が巨大なマーケットに組み込まれることで格差が深刻化する点については、『ルポ　貧困大国アメリカⅡ』（堤未果、岩波新書）が参考になります。）

自然な未来

ネーゲルの挙げた「彼」の事例（→第2章：手をたたく）や本章で見た「比較による幸福」、これらの考察の背景にあったのは、いわば「自然な未来」についての理解です。ある個体が生き続けた際、自然に——外部からの特殊な介入なしに——獲得するであろう特性への理解が、その個体を幸福と見なすか不幸と見なすかという、幸不幸の評価に関わっていたわけです（ネーゲルの事例では、脳の怪我によって聡明な大人になる潜在性が奪われた点が問題でした）。本節ではそうした潜在的特性への理解が、幸不幸などの評価だけでなく、権利や正義にも関わるか否かを、ある論稿を通して考えてみましょう。

マイケル・トゥーリーは、「妊娠中絶と新生児殺し」という反響の大きかった論文で、次のような議論を展開しています（『妊娠中絶の生命倫理』所収、神崎宣次訳、江口聡編・監訳、勁草書房）。——生命権、すなわち生き続ける権利をもつものとして「ひと（パーソン）」を規定するなら、胎児や生後直後の新生児は「ひと（パーソン）」ではない（すなわち生命権をもたない）。なぜなら生命権をもつには、「自己意識要件」（自分自身を持続的な経験の主体として捉えているという要件）を満たす必要があるが、胎児や生後直後の新生児はその要件を満たさないからだ――。

これは過激な主張に見えるため、反発を感じた読者はしばしば、自己意識要件は生命権にとって不可欠でないとの反論を試みます。それは有益な試みですが、しかしトゥーリーの論文を哲学論文として読むなら、その論理構造の中核は違うところにあるのが分かります（率直に言って、自己意識要件をめぐる議論だけを見るなら、同論は哲学的にさほど深みのあるものではありません。権利主体である「ひと（パーソン）」についてのラフな分析があるに留まります）。

トゥーリーの議論の哲学的美点は、自説以外の代案を多数検討するとともに、それらの代案からその支持者でさえ正確に捉えていなかったであろう原則を抽出し、批判を加えた点にあります。こうした議論の丁寧さは、結論部分への直観的賛否と独立に評価すべきものですし、哲学文献を読むとはまさに、そのような読み方をすることです（→第4章：美しい議論）。

同論文の中核の一つをなすのが、潜在性に関する議論です。（出産直後の）新生児は「ひと（パーソン）」ではない――自己意識要件を満たさない――との見解に対し、新生児はいずれ「ひと《パーソン》」になる——自己意識要件を満たす——ために生命権をもつ（もちうる）との代案を想定し、その代案を次のように退《しりぞ》けます。ある生物が「ひと《パーソン》」になる潜在性をもっていることは、生命権の根拠にはならない。もし、ある化学物質を生まれたての猫の脳に注射すると、「ひと《パーソン》」がもつ心的能力をすべて、その猫が得ていくとしよう。このとき、生まれたばかりの子猫を死なせることが生命権の侵害でないなら（トゥーリーはこれを前提としています）、「ひと《パーソン》」になる潜在性をもつことは生命権の根拠にならない。

ここでも、感情的反発を抑えて論理構造を見ることが重要です。私自身、生まれたばかりの子猫であっても死なせることには抵抗がありますが、その点についての見解の相違は、上記の議論にとって本質的ではありません（感情的反発を和らげたければ、猫の代わりにロボットなどを用いて同様の議論を作ることもできるでしょう）。論理構造として一つ気になるのは、トゥーリーの議論が、自然な潜在性と不自然な潜在性をとくに区別せず扱っていることです。ヒトの新生児はいずれ自然に「ひと《パーソン》」になる（可能性が非常に高い）のに対し、子猫が「ひと《パーソン》」になるためには不自然な介入（化学物質の注射）が要るわけですが、同論においてこの違いは、生命権に関する違いをもたらしません。

江口聡さんはトゥーリーの議論に関し、それが日本に受容された際のいくつかの混乱を指摘しています（論文「国内の生命倫理学における「パーソン論」の受容」、『京都女子大学現代社会研究』第一〇号所収、京都女子大学現代社会学部）。とくに重要と思われるのは、トゥーリーの議論が権利の有無――とりわけ、ある個体が自然権（政府・法律の成立以前に「ひと（パーソン）」にあらかじめ備わった権利）としての生命権をもつか否か――に的を絞っているにもかかわらず、受容の際にその歴史的文脈が見過ごされたとの指摘です（同論、一・六節）。ある個体が生命権をもつかという問いかけは、その個体に人々が生命権を与えるべきかという問いかけと異なり、まして、生命権を「与える」人々の価値評価（どんな個体を、生きるに値すると評価するか）をめぐる問いかけではない、というわけです。

ある潜在性をもつことが、ある権利（その潜在性が現実化したなら所有するであろう権利）をいまもつことの根拠になる、という考えは、一般的にいって奇妙です。子どもは成人になる潜在性をもちますが、成人としての権利はまだもちません。王子は国王になる潜在性をもちますが、国王としての権利をいまはもちません。「権利」に焦点を当てるなら、上記のトゥーリーの議論には一定の説得力があります。

他方で、新生児と子猫との類比には、次の疑問も残るでしょう。ヒトの新生児は子猫と違い「ひと（パーソン）」になる自然な潜在性をもちますが、このことは、新生児を子猫と同様には扱えない何らかの理由を与えるのではないか――。その理由は、新生児が特定の権利をもつから、というものではなく、「ひと（パーソン）」としての自然な未来をもつから、というものであるかもしれません。つまり、生まれたばかりの子猫を死なせることが――トゥーリーの論文で述べられている意味で――仮に不正でなかったとしても、ヒトの新生児については不正であるのは、「ひと（パーソン）」としての自然な未来を奪うことが不正だからだ、と考える余地が十分にあるのです。

私はネーゲルの事例をふまえてこの見解を提出しましたが、先行研究を見るとドン・マーキスがよく似た趣旨の議論を発表しています（論文「なぜ妊娠中絶は不道徳なのか」、『妊娠中絶の生命倫理』所収、山本圭一郎訳、江口聡編・監訳、勁草書房）。ただし、そこでマーキスは「ひと（パーソン）」の概念に訴えておらず――論者ごとの「ひと（パーソン）」の定義はしばしば恣意（しい）的に見えるので――奪われることが不正なものを「われわれと同じような将来の価値」と記します。これは慎重なやり方ですが、他方で、何を「同じような価値」と見なすかについて、言語化されていない恣意性が入り込む恐れがあり、そこには「ひと（パーソン）」への恣意的な直観が紛れ込んでくる可能性もあります。つまり、「われわれと同じような将来の価値」ということで、意図せず、「われわれ「ひと（パーソン）」と同じような将来の価値」を考えてしまう可能性が、です。

第4章　幸福と不幸をかたちづくるもの〈2〉

成功者の助言

前章に続き、やや個別的なことがらに即して、幸福について考えてみましょう。本章でまず考えてみたいのは、だれが幸福を語るのかという問題です。

何らかの分野での成功は、幸福の一要素と見なせます。そして、そうした特定の成功に関しては、その道での成功者ほど助言者にふさわしい人物はいないでしょう。技術上の工夫や生活上の工夫、それらを詳しく訊くことは、たしかに参考になるはずです。しかし、そうした経験談は結果論の側面をつねにもち、一般的な人生訓としては各人の違いを無視したものになりがちです。つまり、その成功者のまったく個人的な、資質や環境や運を無視したものに、です。

成功者が凄い人物であるほど――そしてすでに歳を取り、いまから大失敗をする可能性が低いほど——この傾向は強くなり、まるで、語り手がその人生訓に従ってきたために必然的に成功したかのような印象を与えます（もちろん、そんな成功はありえません。『理不尽な進化』（吉川浩満、朝日出版社）第二章では、非ダーウィン的な亜流の進化論理解が——いわゆるスペンサー主義が——成功者の訓話の受容を歪めている可能性が指摘されています）。他方、自分の成功の偶然性に敏感な人物の経験談では、「運」や「めぐり合わせ」の重要性が過剰に述べられることもあり、その点ばかりを誤って聞き手が受け取ってしまうこともあります。自分が成功していないのはすべて悪運のせいだ、というように。

アップル社の設立者であるスティーブ・ジョブズが亡くなったあと、彼の成功に学ばんとする啓蒙書がいくつか出版されましたが、彼の人生について知れば知るほど、ほとんどの人にとってそこから学べることはないと分かります。彼の完全主義とカリスマ性は、人格円満な社会人がその一部分だけを取り入れられるほど都合の良いものではないですし、下手にそれを取り入れたなら、人生を破綻させかねないものです。ジョブズ本人でさえ、彼の人生を青年期からやり直したとしたら、あれほどの成功をおさめた確率はかなり低いでしょう（私は二五歳のとき、ジョブズの講演を生で聴きましたが、そのときにさほど影響を受けなくてよかったと思います）。

一方、将棋棋士（きし）の羽生善治（はぶよしはる）さんのような人格円満に見える成功者でさえ、その経験談を鵜呑みにすることはできません。なぜなら彼は、天才が集うプロ棋士集団のなかでも、さらに別格の天才だからです。たとえば著書やインタビューのなかで、羽生さんはよく次のようなことを述べます。「今日勝つ確率が最も高い戦法は、三年もたてば完全に時代遅れになっている［…］。同じ戦法を手堅くとり続けるということは、一見すると最も安全なやり方のように思えるが、長いスパンで考えたら、実は、最もリスキーなやり方なのである」（『大局観』、角川書店、三五頁）。羽生さん自身の戦績を見る限り、この発言はまったくの真実です（二〇一六年現在、タイトル獲得九五期）。しかし、ほとんどのプロ棋士は、「今日勝つ確率が最も高い戦法」を選んでも、タイトルを一回も獲ることはできません。もし、そのやり方で二、三回タイトルを獲れたなら棋士としては大成功だと言えます。

成功者の助言から学ぶときには――とくに自分も実力がついてきたときには――相手と現在の自分との距離を、十分につかんでおく必要があります。落語家古今亭志ん生の有名な言葉にもありますが、「「オレと同じくれえかな」と思うときは、向こうのほうがちょいと上で、「こいつァ、オレより、たしかにうめえや」と感心した日にゃァ、そりゃァもう格段のひらきがあるもん」だからです（『びんぼう自慢』、ちくま文庫、五二頁）。こんなことを書くと謙虚なようですが、これは謙虚さの問題ではなく実利的な問題であり、相手との距離が大きすぎるときにはむしろ助言を無視せよ、という話です。そうしたときには、助言の内容よりも、相手の何気ない佇(たたず)まいから学べることのほうが多いでしょう。

幸福論というと、それを語るのに成功者としての「資格」が必要な印象がありますが、なぜそうなのかは微妙な問題です。いま見たように、成功者の助言はしばしば役立たない（真似できない）ことがあり、成功論よりも抽象度の高い幸福論については、なおさらそうです。語り手がどのくらい成功したかと、良い幸福論を語れるかは別の話であり、とりわけ、幸福とは何かを語る場合にはそうです。それでもなお私たちが、成功者から幸福論を聞きたいと思ってしまうのは、一つには自分に発破(はっぱ)をかけたいからであり――成功者の過去の挑戦を聞くことで――、もう一つには、アリストテレス的な中庸(ちゅうよう)の取り方についての実体験を聞きたいからでしょう（↓第1章：経験と倫理）。

スタイルを学ぶ

ローリングストーンズのギタリスト、キース・リチャーズの自伝を読むと、こういう人生もあるのかと驚きます（『ライフ』、棚橋志行訳、楓書店。以下、本節での引用はすべて同書）。その人生はかなり非凡で、同書から人生訓を取り出そうとすると――彼の人生が幸福なものだと仮定しても――結果論となることは避けられません。しかし、音楽についての彼の言葉には、音楽以外の創作にとっても参考になる点がいろいろとあります。

私は中学生のときに彼の音楽に魅了され、それ以来、彼の作曲や演奏のスタイルを学んできましたが、その知識はいまの仕事でも――たとえば論文を書くときにも――自分の基礎として役に立っています。私個人の経験はたいした根拠となりませんが、それでも、先人の優れたスタイルを知ることは、他の分野に取り組むときにも、大きな助けとなるはずです。以下、どれだけの人にとって面白い話かは分かりませんが、彼のスタイルを示す例を少しだけ紹介してみます（キース・リチャーズについては、通例に倣って、ファーストネームのほうで記しています）。

オープンGチューニングは、キースのトレード・マークである特殊なギター・チューニング（調律）です。指板を何も押さえずに弾くとGの和音（コード）が鳴るのですが、キースはそこから、もっとも低い音の出る、六番目の弦を取り外しています。「いちばん下の弦はじゃまだ。しばらくして、自分には必要ないとわかった。どこかで調和が乱れるし、俺のやりたいことにはあわない」（二七一頁）。

　実際に弾いてみると分かりますが、この特殊なチューニングによって、ギターはまるで別の楽器になります。通常のチューニングのもとで、どれほど演奏技術を磨いても、到達しがたい種類の音が出ます。「一定の弦が曲全体を駆け抜けるから、ずっと持続低音（ドローン）がとぎれないし」「しかるべきコードを鳴らしていると、別のコードが後に続いてくるのがわかる」（二七二頁）。もちろん反対に出せなくなる音は山ほどあるのですが、重要なのは、どの音が**自分には**必要かを知り、そして自分の**下手**さを直視したうえで、自由なやり方でその音を得ることです。

　著名なギタリストたちのなかでキースはけっして技術巧者ではないですが、しかし腕利きのギタリストの場合、たとえある弦がじゃまだと思っても、それを外すという発想にはなかなか至らないでしょう。そのじゃまさを自分の技術によって解消しようとするでしょう（それもまた一つのスタイルですが、キースはそのような解消法を選ばなかったということです）。

五弦チューニングのような思いきった発想は、おそらくキースの修業時代における熱心な研究の影響から来ています。つまり彼もまた、先人のスタイルを学ぶことで、自分のスタイルを得たわけです。たとえばジミー・リードについての――彼の修業時代のお手本の一人――次の一節を見ましょう。

ジミー・リードはちょろいと思っていた。ところが、どう弾いているか分析を始めてみると、易しいなんてとんでもない勘違いだった。Eのキーで五(ファイブ)コードをどう弾いているのかわかるまで、何年もかかった。［…］そのコードにたどり着くことができると、ジミー・リードならではの切ない不協和音、頭にこびりついて離れない例のリフレインをつくり出せる。これはギターを弾かない人間にも説明する価値があるはずだ。五コードの場合、オーソドックスに考えれば［…］Ｂ7をやるところだが、なぜかあいつはあえてＢをはずす。Ａの開放音を響かせたまま、Ｄ弦の指を7フレッドまでスライドさせるだけだ。こうすると頭にこびりついて離れない音色が生まれる。
嘘じゃない。これはできるかぎり怠けたまま商売になる唯一の方法であり、音楽史上有数の輝かしい発明だ。ジミー・リードはあれで三十年間、同じ曲を演奏してこられた。[…]あの耳にこびりついて離れない単調な音。完全に音楽のルールを外れている。「こうやるんだ」。ある意味、俺たちは、演奏以上にジミー本人をすごいと思った。その姿勢が。

（一一九頁―一二〇頁）

これはまるで、細かい奏法の違いを除けば、キースについてだれかが語っているような一節です（実際、同書ではワディ・ワクテルが、五弦チューニングについてよく似た思い出を語っています）。そして、ここで語られている「スタイル」は、音楽以外の創作の場でも、十分に意味のあるものです。もちろん私は、だれもがキースのようなスタイルで創作をすべきだと言っているのではありません。重要なのは、自分に合ったスタイルを見つけ出すことであり、そして私たちは先人から技術だけでなくスタイルも学べる、ということです。

自己の重要感

まだ深く論じていない、しかし大切な話題があります。自分は存在する価値をもった人間であるという感覚、つまり、自己の重要感についてです。人間は――ある意味では困ったことに――他人の承認を経るかたちでしか、十分な重要感をもつことができません（→第3章：ムーピーの懐疑）。このことが多くの成功の原動力になってきたと同時に、後述の意味で、多くの悲劇の原因にもなってきました。

作家デール・カーネギーの『人を動かす』（山口博訳、創元社）は世界的なベストセラーですので、読んだことのある方も多いでしょう。私が同書を初めて読んだのは、たぶん中学生のころで、それ以来、何度か読み返しています。そのことによって私は、人間が「他人に認められたい」生き物であることを、段々と理解するようになりました。『人を動かす』の主要なテーマは、まさにこの意味での「重要感」だからです。

カーネギーは第一部第二章の始まりで、人間の八つの欲求を挙げています。「健康と長寿」「食物」「睡眠」「お金とお金で買えるもの」「来世の人生」「性的な満足」「子孫の幸福」「自己の重要感」の八つです。これらの多くは、幸福をかたちづくる基本的要素に対応した欲求と言えるでしょう。カーネギーはなかでも「自己の重要感」を、きわめて強烈でめったに満たされることのない欲求として取り上げ、これを満たすために採る方法によって、その人物がどのような人物であるかが明らかになると述べました。社会貢献によってそれを得る人もいれば、犯罪の誇示によってそれを得る人もおり、病人になってそれを得る人もいる——身体の不調への同情を引いたり、妄想の世界で重要人物となったり——というわけです。

カーネギーはこの洞察をふまえて、他人の重要感を真っ当に（honesty）満たすことのできる人物となれれば、その人もまた、満足のいく人生を送ることができるだろうと述べていますが、残念ながら、この話はしばしば、お世辞の勧めとして理解されているようです。カーネギー自身が第一部第二章で書いている通り、これはまったくの誤解であり、重要感に飢えきった相手にならお世辞も通じるかもしれませんが——餓死寸前の人間が草でも虫でも食べるように——多くの相手には見透かされてしまうでしょう。

他者の重要感を真っ当に満たすには、相手の本当に良いところを見きわめて賞賛しなければなりません。そのためには、相手や、相手の仕事に対して、実際に関心をもつ必要があります。ある種の潔癖さを持つ方は、他者の重要感を満たそうとする行為に羞恥を覚えるかもしれませんが、実際に関心をもっている場合には、そうした羞恥は自然に消えます。そしてもし、羞恥が完全には消えなかったとしても、褒めるべき価値のあるものを褒めることには、公共的な益があるのです。

　私は職業哲学者であり、人生経験もその方向に偏っていますが、哲学研究と重要感の関係についても少しだけ述べさせてください。日本の哲学研究には独自性がない――海外の哲学の後追いにすぎない――という風説がありますが、本当に欠けているのはむしろ、独自性のある国内研究を真っ当に（お世辞ではなく的確に）評価する専門家集団内の文化です。それは研究作法にも現われていて、たとえば論文を書くときに――良い邦語文献がある場合でも――海外文献にしか言及しない例などはよく見られます。研究者は、私を含め、自分の重要感にこだわりがちですが、周囲の研究者の重要感を真っ当に満たす文化がなければ、集団内での相互作用による議論の成熟も起こらないでしょう。

ところで学術研究者の方には、本節の話題を考えるうえで読む価値のある小説があります。ミラン・クンデラの短編小説「だれも笑おうとしない」がそれです（『可笑しい愛』所収、千野栄一訳、集英社）。ある程度の期間、研究生活を送ってきた方なら、この小説で描かれた状況に既視感を覚えるとともに――学術的に無価値な自著の「承認」をひたすら請う人物の悲喜劇――学問をすることと人に認められることの関係について、改めて考えさせられると思います。

（『人を動かす』（新装版第一版）の訳文は格調のあるものですが、第一部第二章の翻訳には小さな疑問点があり――Compliment（賞賛）とFlattery（お世辞）を訳し分けたほうが自然な箇所でも、両方「お世辞」と訳している点など――同章が「お世辞の勧め」として誤解される一因になっているようです。）

美しい議論

重要感との関連で、議論についても考えておきましょう。社会的な利益をめぐる交渉としての議論ではなく、論理的な正しさをめぐる対話としての議論についてです。

議論が好きな人の多くは、議論に「勝つ」のが好きな人です。相手を言い負かすことによって——そして周囲から感心されることによって——自分の重要感を高めることが、彼らの主要な目的です。しかし端的な事実として、議論に勝つことそれ自体によって知的に得るところはほぼありません。また、（真に対話的でない）議論の勝利は「声の大きさ」によってしばしば決まるので、聴衆のレベルが高い場合、表面的な勝利はさほど評価されません。

自己重要感を高めるために議論をする人が多いため、議論それ自体がもつ価値は、十分に理解されていないようです。そしておそらく次のことも、あまり理解されていません。真に議論がうまい人とは、議論に「勝つ」ことではなく議論全体の価値を高める——その議論を通じて自他が新たな知見を得られるように努める——ことがうまい人であり、しかも、そうした議論全体への貢献にこそ達成感（自己重要感）を覚える人だ、ということも。

『マイルス・デイヴィス『アガルタ』『パンゲア』の真実』（中山康樹、河出書房新社）

に、次のようなマイルスの発言があります。

「まず弾かずに耳を傾けろ。次に感じるんだ。そうしたら、今度は弾きたいと思ったものはなんであれ弾くな。その周りのものを弾け」

（一八四頁）

マイルスの、稀有のジャズ・ミュージシャンとしてのこの発言を、私は次のように読みます。即興の音楽（議論）の全体が向かっている方向を察知して、そこに必要な一要素を、自分の弾きたい（言いたい）ものの外側で弾け——。こう書くと抽象的すぎますが、ある時期のマイルスのアルバムを聴くと、その意味はよく分かります（一枚、例を挙げるなら『ネフェルティティ』）。

議論全体が素晴らしい（美しい）ものとなるとき、その価値は、精確性・新奇性・発展性などの多様な要素によって支えられており、ある特定の要素のみを抜き出すことは困難です（精確なだけでつまらない議論もあれば、新奇なだけでいい加減な議論もあります）。人文系の学問修業とはもっぱら、そうした多様な要素についての「目利き」

の修業であると言ってもよいでしょう。しかし、あえていま一つだけ具体的なことを述べるなら、議論における「結論」をどう扱うかという点はとても重要です。

議論に「勝つ」ことを目指すとき、人は自分の結論を守ります。そして、自分とは違った結論をもつ他者を攻撃します。ところが、論理学の基礎からも明らかな通り、ある論証が正しいかどうかは、結論だけを見ても分かりません。「論証」とは、ある前提から結論を論理的に導く過程全体を指し、また、そのなかの「論理的に導く」部分は「導出」と呼ばれます。議論は多くの論証を含み、それゆえ議論全体の価値は、それを構成する一つひとつの論証の正しさに強く依存します。

ある論証が間違っているのは、前提が間違っているときか、導出が間違っているときのいずれか（またはその両方）です。前提と導出がともに正しければ――つまり論証が正しければ――自動的に結論も正しくなりますが、しかしその逆は言えません。結論がもし正しい（事実と合致している）としても、論証が正しいとは限らないのです。たとえば次の論証は、結論はたまたま正しいですが、論証としては間違っています。

魚は水中を泳ぐ
イワシは水中を泳ぐ
それゆえ、イワシは魚である

（『論理学』、野矢茂樹、東京大学出版、一〇頁）

このほか、自分と同じ結論を述べている相手でも（あるいは、だれでも知っているような「常識」を結論として述べている相手でも）、その結論にたどりつく過程が自分と同じとは限りません。同じ結論を得ていても、一方の論証は正しく他方の論証は間違っているということは、よくあります。そして、自分と違う結論を述べている相手でも、その発言を丁寧に見ていくと、重要な前提や優れた導出が（そして新奇なアイデアや洞察が）見つかることは珍しくありません。

実利的な交渉においては、自分の結論を守り抜くことがまさに実利的な価値をもちます。しかし対話的な議論においては、自分が最初にもっていた結論にしがみつく必要はなく、まして、自分と違う結論の持ち主を「敵」、同じ結論の持ち主を「味方」と見なすような態度は、議論をきわめて不毛なものにします。交渉以外の議論にて、自分の最初の結論をもし変えざるをえなくなったら――論理の力によって――それは自分がその議論を通して、確実に何かを得た証拠です。

前掲書のなかでカーネギーは、こんなことも書いています（第二部第四章）。ひとに軽蔑されたいなら、次のようにすればよい。「相手の話をけっして長く聞かない」「ずっと自分のことだけを話す」「相手が話をしているあいだに、何か自分の意見があれば、話の途中で割って入る」。こうした態度を続ければ、たんにひとに嫌われるだけでなく、新しい知識も入ってこなくなり、二重の損を招いてしまいます。前者の損を気にしない方でも、後者の損はきっと無視できないでしょう。

本節の話題に関連して、二点の補足をしておきます。学術発表のような場では発表後によく質疑応答がありますが、その際、発表者と質問者は対等ではない（と考えたほうがたいていは良い）ことは、あまり認識されていません。発表者には論脈――議論の文脈――を決める権利がありますが、質問者にはなく、質問者は発表者の論脈を無視して「自説」を述べてはいけません。これはもちろん、質問者は批判をしてはいけないという意味ではなく、質問のふりをした「自説」発表によって自己満足に陥ってはならない、ということです。

もう一点、本節のなかで少しだけ触れた人文系の学問についてもひとこと。人文学における重要な仕事の一つは、私たちの生活を支える概念を精緻化し刷新していくことです。水や安全がタダではないように概念もタダではないですが、この事実を忘れると、人文学の価値は見えません。たとえば、「人文学は（日本の）社会の役に立たない」と本気で考えている人々は、「社会」という概念が――そして「社会」を意味づける多くの諸概念も――昔からタダで日本にあったわけでなく、明治初期、人文学的な試行錯誤を経て普及したものだということを見落としています（『翻訳語成立事情』、柳父章、岩波新書）。日本にもし人文学がなかったら、「社会」という言葉だけでなく、その言葉に「対応するような現実」（同書、三頁）も日本にはないままであったかもしれず、その際にはもちろん、「人文学は社会の役に立たない」と述べることとさえ、できなかったでしょう。

同船性の倫理

実利をめぐる議論（交渉）では、自分があらかじめもっていた「結論」を守る必要がありますが、そこで本当に守っているのは「結論」というより広義の「政策」――たとえば会社の将来計画――です。つまり、ある組織体をどう運営するかについて、自分にとって損になる政策を避け、得になる政策が選ばれるように、言葉を使って戦うわけです。正義感をもって交渉する場合でも、何を守るかがあらかじめ決まっている点は同じです（その点を迷っている「誠実」な人は、迫力のある交渉がなかなかできません）。

ある組織体が将来どの方向に進むべきかを、当事者であるその組織体のメンバーが論じあう――、これはごく普通のことですが、上記の議論（交渉）のあり方がそこに絡んでくることによって、やっかいな問題が生じてきます。端的に言って、自分自身の生活が懸かっている以上、自分の損得を考えない「正しい」結論を打ち出すことはきわめて難しいのです。組織についてうっかり「正しい」ことを言えば、自分だけでなく自分の同僚や家族も路頭に迷うかもしれません。

会社や施設だけでなく、地域や国を例にとっても、もちろん話は変わりません。ある地域の議員を選出するとき、主義主張は「正しい」けれどもその地域に不利益を招きそうな議員と、主義主張は「間違っている」けれどもその地域に利益を招きそうな議員のどちらを選ぶかをその地域の人々に投票させるというのは、考えてみれば、無理のある制度です。

とはいえ、ある組織体の将来を外部の者が決めればよいかといえば、それはそれで大きな問題があります。外部者はその組織体の内情について不案内であることが多く、なにより、その組織体が将来どうなろうと——自分の決めた政策が失敗しようと——直接の関係がありません。たとえ一時的に、その組織体の一員に加わって将来を決める場合でも、すぐ別のところに行ってしまうなら、決断はしばしば無責任なものとなります。

ある船の針路を決めるとき、同船していない人々に真剣な考慮を求めることは難しく、しかし同船者だけの考慮では「正しい」判断は覆(おお)い隠されがちです。思考実験上のものでない実践上の政策決定においては、この同船性の有無こそが問題の深い根となっており、その点を無視した種類の学説は、交渉の場ではあまり使いものになりません（船の内外を公平に見渡す純粋に理論的な観点は、船内にいる人の観点とも、船外にいる人の観点とも大きく異なります）。

本当に少しずつであれ、この問題を解消したいなら、個別の政策決定とは独立に同船性そのものについての政策決定が要求されます。つまり、ある組織体の政策を決定する人々に関し、どのくらいの人数がどのくらいの同船性をもっていなければならないかの決定を――通常の政策決定とは別に――行なう必要があるのです。もちろん、この高次の決定についても、ふたたび、その決定をする人々の同船性の有無が問題になるわけですが、それでもこうした解消策をまったくとらないよりは、ましでしょう。たとえば原発に関しても、原発そのものの是非とは独立に、原発政策の決定者がどのくらい原発に同船すべきか――原発事故等によるリスクをどのくらい分け持つべきか――は、定めておく価値のある議題です。

ところで、科学技術の発展によって、同船性は政策決定だけでなく、個別の「運転」や「運営」に関しても影響をもってきます。たとえば文字通り車の運転を考えるとして、私がタクシーに安心して乗れるのは、タクシーの運転手が同乗（同船）しているから――事故のリスクを分け持っているから――です。運転手がもし、遠隔地からリモートコントロールでタクシーを運転しているなら、少なくとも私はそのタクシーには乗りません。しかし技術の発展は、乗り物の運転から、より広範な事物の運転・運営に至るまで、肉体的な同船性のともなわない運転を可能とする方向に向かっています。そうした遠隔的運転にわれわれが全面的に依存せざるをえない社会となったとき、以前なら肉体的な同船性によって担保されていた運転者・運営者への信頼をどのようにして維持すべきかは、いまから論じあっておくべき問題です。

（さまざまな役職の選出投票に関し、同船性の多寡による歪(ゆが)みを軽減しうる案として――あまり賛同は得られないでしょうが――次の試案を挙げておきます。投票をする時点では、選出された人物がどの地域や部署の「担当」となるかを未定としておき、投票結果の出た段階で、彼らの担当先を厳正なくじによって決めます。投票者は、自分の選ぶ人物が自分の居場所の担当になる場合とならない場合をともに考慮して投票せねばならず、この考慮は、さまざまな意味で極端な人物を――たとえば担当先に極端な利益誘導を図りそうな人物を――選外にする効果をもつでしょう。ここでは詳述できませんが、この投票方法を、ジョン・ロールズ（『正義論』の著者として知られる）の言う「無知のヴェール」と対比して、「逆ヴェール投票」と呼んでもよいと思います。）

ミヒャエル・エンデの小説『モモ』は、日本でも人気がありますが、その読み方はしばしば一面的に見えます。つまり、主人公のモモやその仲間たちは善であり、彼らに時間の貯蓄を迫る「灰色の男たち」は悪である、というような。たしかに灰色の男たちは、町の人々の生活を無味乾燥なものにしていきます。友人とゆっくり話をしたり、一つひとつの手間を味わって仕事をしたりする時間を人々に貯蓄させ、効率的ではあっても情緒のない生活を町に広めていきます。

しかし灰色の男たちは、そうして時間をため込まないとすぐに消えてしまう「幽霊」のような存在です。「彼らほど一時間のねうち、一分のねうち、いやたった一秒のねうちさえ、よく知っているものはいませんでした。ただ彼らは、ちょうど吸血鬼が血の価値を知っているのとおなじに、彼らなりに時間のだいじさを理解し、彼らなりの時間のあつかい方をしました」（大島かおり訳、岩波少年文庫、八三―八四頁）。

小説の最後、灰色の男たちはモモに消し去られ、物語はハッピーエンドを迎えます。しかし、灰色の男たちの生き方が悪で、モモの生き方が善であるとは、簡単には言えません。モモに、時計を完全に無視したような――灰色の男たちと対照的な――生き方ができるのは、彼女もまた灰色の男たちと同様に、現実の人間ではないからです。両者はどちらも、「ほんとうはいないはずのもの」（同書、二二五頁）であり、それぞれ正反対の仕方で時間を大切にする、一種の「幽霊」のような存在です。

灰色の男たちの時間は「空間化された時間」だと言えます。時間を量として計測し、流れる時間の質感を無視することを、アンリ・ベルクソンは「時間の空間化」と呼びました。この時間の見方においては、どの一時間も他の一時間と完全に同じ「量」であり、時間の価値はその量によって決まります。こうして、空間化された時間はちょうど、貨幣のようにしてやり取りされます（その象徴的なかたちが「時給」です）。

私は哲学の分野でずっと時間について研究してきましたが、そのことによって学んだのは、区別された時間のどちらが本当の時間かと問うことの限界です。ベルクソンの時間論に限らず、J・M・E・マクタガートの時間論などにおいても、そこでなされている区別が秀逸であればあるほど、区別されたそれぞれの時間は相互依存的な関係をもち、どれか一つの時間のみが本当の時間だとは言いがたくなります。本節のように、生き方の問題を考える場合だけでなく、純粋に論理的に、時間について考えた場合もそうなのです。

灰色の男たちの時間と、モモやその仲間たちの時間についても、一方だけが本当の時間だと考えるのはきっと誤りでしょう。そして、「幽霊」ではない私たち人間は、灰色の男に成りきることも、モモに成りきることもできません。〈はじめに〉において私は、〈上昇〉と〈充足〉との中庸について述べました。〈上昇〉だけを望むなら灰色の男たちの時間が最適でしょうが、それでは、いつまでも平穏は得られません。〈充足〉だけを望むならモモの時間が最適でしょうが、それでは生活そのものが維持できるかどうか分かりません。本節で見た二つの時間についても、自分の資質・環境・運をふまえた中庸を見つける必要があるのです。

残された時間

歳をとると時間の経つのが速くなる、という話を、私はあまり信じていません。そもそも「速くなる」という表現が何を指しているのか、曖昧です。とはいえ、あっという間に一日が終わるとか、あっという間に一年が終わる、といった感覚が念頭にあるなら、この「速くなる」は、一定の時間内における、印象的な出来事の数の少なさを指していると見なせます。つまり、一日でこれだけのことしか起こらなかった（できなかった）とか、一年でこれだけのことしか起こらなかった（できなかった）といった思いが、過去を振り返ったときに、「速さ」として表現されるわけです（心理学的な検証については、『時計の時間、心の時間』、一川誠、教育評論社、第三章等を参照）。

他方で、いま何かに従事しているときには、一定の時間内における印象的な出来事の数が少ないほど、時間が「遅く」感じると言われます。たとえば、人を待っているときや、退屈な授業に出ているときなどです。つまり、過去について語る場合と、いまについて語る場合では、時間の「速さ」と「遅さ」とが逆になってしまうのです。実際、歳をとってから「あっという間に一日が終わる」と感じる方も、生活の個々の「いま」において、世界が映画の早回しのように高速で変化するとは感じないでしょう。つまり、本当に時間の経つのが速くなっている知覚経験があるわけではないでしょう（時速一〇キロで近づいてくる車が、時速一〇〇キロに見えたりするような）。

過去の一定時間における印象的な出来事の減少のほか、時間の経つのが速くなったと感じさせる要因はあるでしょうか。多大な影響があると思われるのは、未来の残り時間の見積もりです。「自分が元気に生きられるのは、あと十年くらいだろう」。こうした残り時間への考慮は、「速さ」の感覚を強化します。こうした考慮は、年齢にかかわらず、短い余命と向き合うことになった大半の方がなすものでしょう。

未来の残り時間の見積もりは、人の価値観を大きく左右します。私たちの日々の悩みの多くは——少し損をしたとか少し太ったとか——余命一年の人から見ればまったくどうでもよいものです。あと一年で死んだとしても後悔のないように生きたなら、一日一日が輝きを増し、つまらないことは気にしなくなるでしょう。当たり前だと思っていたことに、感謝する機会も増えるかもしれません。

でも、そうした生き方が文句なしに素晴らしいのだとしたら、どうして、だれもがそうした生き方を実践していないのでしょう。残念ながら、もし、だれもがそうやって生きたなら、今日(こんにち)の社会は成り立ちません。世の中がうまく動いているのは、非常にたくさんの人々が時間を安売りしているからです。残り時間を気にしたら絶対にやらないような仕事でも、多くの人々がたんたんと——私もときにそうですが——それらをこなしてくれることで、社会は支えられています。

だれもが時間の貴重さに気づき、あと一年で死ぬようなつもりで毎日を「大切に」

生きたなら、人間の文化もずいぶんと貧しいものになってしまうかもしれません。芸術や学問は、充実した毎日の積み重ねによって安定的に発展するとは限らず、時間の無駄遣いに見える試行錯誤のなかで、偶発的な発展をしばしば見せるからです。その意味では、「自分の死」を忘れて生きられることは、案外大切な能力だと言えます。重い事実について考えることが、つねに重要とは限らないのです。

箱に一つずつ

たった一つだけ、小さな子どもに人生訓を伝えられるとしたら、何を選ぶでしょうか。個人的な趣味ですが、私は「一つずつ」やることを伝えます。遊びであれ、用事であれ、今やっていることを一つずつやることは、実はものすごく難しいことで、それさえできれば多くの問題が自然に解消するくらいです。いらいらや、不注意や、落ち着きのなさや、ひとに八つ当たりをする癖などが。

小さな子どもが集まって個別に遊んでいる場面を見てみると、遊びでさえ、いま自分がやっていることに集中できない子どもがいることが分かります。ほかの子どもがやっていることが気になり、ひとのおもちゃを取ろうとしたりするのです。歳をとるとともに単純なおもちゃの取り合いなどは減りますが、今度はもっと微妙な仕方で、ひとのやっていることに介入していきます。ひとの遊びを「手伝ってあげたり」、遊び方の間違いを「教えてあげたり」して、そこからケンカが始まるのです。

自分が今やっていることだけをやり、ほかの人を適度に放っておけることは、なかなか身につかない大変な美徳です。思春期を経て大人になってさえ、この美徳を身につけることは難しく、子どものケンカと同じようなことが大人の集団でも起こります。もし、すべての大人たちが今やっていることを一つずつやったなら、もめ事はずっと減るでしょうし、各人の充足感は増すでしょう。というのも、目の前の作業に専念できれば、過去への後悔や未来への不安、他人との比較や他人への怒り等から心が離れ、良い意味での狭い意識のもとで、一つひとつの作業を味わえるからです（→第2章：今に留まる）。

もちろん、物事を厳密に一つひとつやることは――とくに育児や介護のような二四時間労働の従事者にとって――現実には不可能な場合もあるでしょう。しかし、物事への注意がばらばらに散らばらず、一つずつ物事に取り組めることは、〈上昇〉

と〈充足〉の共存において間違いなく価値をもっています。たとえ稀(まれ)にしか実現できないとしても、この「ばらばらでない」状態を感覚として覚えておくことは、「習慣(エトス)」と「活動(エネルゲイア)」を連動させるためのフォームを作るうえで有益です（→第1章：活動か作業か）。

一日・一時間・一分のような、時間のまとまりがあることは幸いです。これらを「箱」のように使って、「いまはこの箱のなかのことだけをする」といった具合に、意識の範囲を狭められるからです。一つずつ物事をすることは、後悔や不安などを見て見ぬ振りをすることではありません。もし、何らかの負の感情を直視しておく必要を感じたら、きちんとそのための時間の箱を作って、そのなかで作業をすればよいのです（そうやって作業をするときには、他の物事は箱の外に置いておきます）。

箱の感覚に慣れてきたら、現在の箱のほかに、過去と未来の箱を思い浮かべて、こんな作業をすることもできます。気になることがあるときには漠然と苛立(いらだ)つのではなく、何が本当に気になっているのかを、そのための箱のなかで調べます。そして、気になることを具体的に分解したら、「終わったこと」を過去の箱に、「いますぐ、すべきこと」「いますぐ、できること」を現在の箱に、「あとでやること」を未来の箱に入れます。

こうした分別作業を終えて現在の箱に何かが入っていたら、それを一つずつ、たんたんとやります。しかし実際に分別をしてみると、現在の箱が思った以上に空になるのに驚くかもしれません。たとえば、何となく不安だったことがらが、昨日終わったことと明日やることにすべて分別され、とりあえず今日はその不安から離れることができるかもしれません。

もちろん、きちんと分別をした後でも、過去や未来の箱に入れたものが頭に浮かんでくることはあります。そうしたときは無理に消そうとせず、無害なオバケとして放っておき、別のことをするのが良いようです（オバケは居るだけなら無害ですが、消そうとすると、こちらの不安感をえさにして、実体化し有害化します）。

パソコンとマイコン

パソコンはむかし「マイコン」と呼ばれ、国産の素晴らしい機種がいろいろとありました。データの記録にはカセットテープ（！）などが使われ、テープから一つのソフトを起動させるために、コーヒーを淹れて飲み終えるくらいの時間がかかったりしました。私はマイコン少年だったので——小学生のころ——よく覚えているのですが、マイコンで何かを始めるときは、別の世界に入っていくような感覚がありました。

マイコンはいつしかパソコンと呼ばれ出し、どんどん性能が向上して、複数のソフトを同時に起動させるのが当たり前となりました。そのころからパソコンは一気に実用性を増し、マイコンのような他の「世界」というより、この世界で暮らすための便利な「道具」としての側面を強めていきます。

インターネットの普及が、この傾向に拍車をかけます。インターネットは本当に便利なもので、それなしには現在の私の仕事も成り立ちませんが、一方でインターネットはユーザーをますますこの世界に縛り付ける力ももっています。世界中につながった、未知への窓となりうるインターネットが、なぜか、すでにもっている信念や感情や人間関係を濃縮させるものとなっているのです。

こうして近年のユーザーは、仕事のソフトとメール・ソフトとインターネット・ブラウザを同時に立ち上げ、目まぐるしくそれらを行き来しながら、雑然としたこ、の現実の世界を画面の上に再現します。コンピュータがこうした道具となり、さらに持ち運び可能となったことで、食事中であれテレビの視聴中であれ、私たちはそれを使って、既知の世界を濃縮させ続けます。

　ここには二つの問題があります。一つは、リンダ・ストーン（アップル社／マイクロソフト社元役員）の言う「継続的注意断片化（Continuous Partial Attention）の問題です。真に有効なマルチタスクとは異なり、とにかくあちこちに「つながって」いなければ落ち着かないというストレス状態としての注意断片化は、創造力や思考力を損なうとストーンは述べます。たしかに現在のコンピュータは――それがマイコンだったころのように――目の前の課題を一つずつ手がけていくうえでは誘惑が多すぎます。

　もう一つの問題は、「濃縮」です。東浩紀（あずまひろき）さんは、インターネットのソーシャルネットワークサービス（ＳＮＳ）などが、人為的な人・場所とのつながりをどんどん強化していくさまを「強いつながり」と表現しています（『弱いつながり』、幻冬舎）。そして人生を活性化するには、偶然的な――人為的でない――人・場所とのつながりである「弱いつながり」も必要だと述べます。「強いつながり」とは巧みな表現であり、「濃縮」とも近しいものですが、私は以下の理由から「濃縮」という表現を用いることにします。

インターネットの常時接続が家庭に普及し始めたころ、私はその負の面をまさに「濃縮」として体感し、インターネットから上手に離れることは、それを上手に使うことと同じくらいに重要だと考えるようになりました。インターネットには、ネガティブな信念や感情に関する不思議な濃縮力があり、負の情報が負の情報を呼ぶ悪しき煮詰まりにいったん入ると、抜け出すことは容易ではありません。人間関係の濃縮もまた、負の応答が負の応答を呼ぶ悪しき煮詰まりが問題だと言えます。もちろんインターネットには正の方向への濃縮力もありますが、長時間の使用はどういうわけか、負の方向へ私たちを引き寄せるようです。

(千葉雅也さんは、初期のファミコンのゲームソフトの魅惑を、「狭いなりに広い緊張した世界」に世界が切り詰められること、と述べましたが(『別のしかたで　ツイッター哲学』、河出書房新社、六〇頁)、これは本節とも関連の深い指摘です。この表現を借りるなら、マイコンの最大の魅惑だったのは、子どもでさえ、まだ敷居の低かったプログラミングの作業を通して、「切り詰めた世界」の「神」になれたことでしょう。)

物語的完全主義

　完全主義（完璧主義）の性格は、しばしば有害なものとして語られます。ある特定の作業においてうまく発揮できればよいのですが、生活全体を見渡した場合には、たしかに有害なことも多いでしょう。生活のごく一部分にすぎないところに過剰な正しさや美しさを求めて、その結果、生活の残りの部分が損(そこ)なわれてしまうからです。実際、何らかの仕事において稀有(けう)の完全主義と称される成功者は、仕事で成功する代わりに、多くのものを失っているのが通例です。

　ところで、完全主義のなかには少し特殊な事例があります。本節ではそれを「物語的完全主義」と呼ぶことにしましょう。物語的完全主義に陥ると、自分が過去にやってきたことを望ましい人生の一部とするために、いま現在の選択にて、最善の選択をしないことがあります。なぜ、最善を選ばないのに完全主義かといえば、過去から今に至る自分自身の物語の完全性にこだわるからです。「私が過去にあれを選んだ以上、今これを選ばないことは――それが最善でないとは分かっていても――許せない」。物語的完全主義の人物は、こうした「許せなさ」の感情を抱きます。

物語的完全主義は「人生の意味」とも結びついており、必ずしも有害なものとは言えません。物語のためにあえて最善を選ばず失敗をした場合でも、強く悔いることがないなら、それは特定の「人生の意味」に殉（じゅん）じた一つの生き様だと言えます。しかし、先述の「許せなさ」に本人がもし悩まされているのなら、そこでの物語的完全主義は一定の治療を要するでしょう。現在をいったん過去から切り離し、この現在という「箱」のなかで最善を選ぶ練習を積む価値がありそうです。

物語的完全主義の弊害（へいがい）を、明確に私に教えてくれたのは――突然話が飛ぶようですが――コンピュータの将棋ソフトです。今日の将棋ソフトは驚くほど強くなっており、プロ棋士（きし）と将棋ソフトとの対抗戦である「電王戦」でも、棋士を圧倒しました（第一回はソフトの勝利。棋士五名とソフト五種の団体戦となった第二回〜第四回では、ソフト側から見て九勝五敗一分）。そのとき、ソフトがもっていて人間がもっていない、きわめて有力な力に見えたのが、過去の物語を無視する力です。

ソフトは、つねに現在の局面において、そこでの最善の手を探します。ここまで自分がどのような狙いをもって手を選んできたか、という物語は考慮されません（そもそも、人間がもつのと同じ意味での「狙い」をソフトはもちません）。人間同士の対局ですと、過去に自分が指した手の「方針を生かしたり」「顔を立てたり」することがありますが、ソフトはただひたすら、現在の局面からルールの上で到達可能な諸局面について、局面の駒配置を点数化（評価）していきます。こうしてソフトは、人間だったら悔しくてさせないような手――過去の失敗を全面的に認める手――であっても、それが最善だと判断したなら、ためらいなく指すことができます。

（近年の将棋ソフトについては、よい解説書や論文がいろいろとありますが、ここでは次の二冊を挙げておきます。『人間に勝つコンピュータ将棋の作り方』、コンピュータ将棋協会監修、技術評論社。『ルポ 電王戦――人間 vs. コンピュータの真実』、松本博文、NHK出版新書。）

さてここで、将棋などの対局と人生の違いを考えておきましょう。対局には勝ち負けがありますが、人生においてはどうでしょうか。「人生にまったく勝ち負けがない」というのは、無責任な嘘と言わざるをえません。しかし、対局のように明確な勝ち負けを人生に見出すことは難しく、この難しさはそのまま、人生における特定の局面の点数化の難しさにつながります。現在の人生の局面から到達可能な局面が――とくに実現可能性の高そうな局面が――二つあるとして、第一の局面と第二の局面の点数比較を行なうことは困難であり、まして、第一の局面の先に生じうる局面と、第二の局面の先に生じうる局面とを点数比較することは、きわめて困難です。

それゆえ、物語的完全主義が実際に苦悩の原因となるのは、点数化がそれなりに可能であるケース、つまり、現在における最善とは何かがだいたい分かっているケースに限られます。最善がだいたい分かっているからこそ、あえてそれを選ばなかった場合に、あとで悔いることができるのです。

ですから、物語的完全主義から脱したいときには、二通りの道があることが分かります。一つは、さきほど述べたように、現在という「箱」のなかで最善を選ぶ練習を積む道であり、過去の失敗は失敗として切り捨て、それに何らかの意味を与えようとしない態度を、意識的に選び取っていく道です。この道においては時折、自分自身に次のように言ってやることができるでしょう。「いま直面している選択はしょせん、点数による比較がそれなりにできる、明快で表面的な選択にすぎない」。このように自分に言ってやることができれば、そこで最善を選ぶことが「人生の意味」への裏切りのようには思われなくなるかもしれません。

もう一つの道は、過去のある選択時点について、その時点では未来の点数化が不可能だったことを思い出すという道です。物語（人生の意味）のためにあえて最善を選ばず、その結果、人生を損なった――。このような思いを払拭できない人は、ある錯覚に陥っている可能性があります。つまり、過去のその選択時点において自分は、選ばなかったほうの局面が最善であると知っていた、という錯覚に。本当はその時点において、得点化はほとんど不可能だったかもしれず、表層的でない選択については、多くの場合、事実としてそうでしょう。

（過去の人生の可能性については、現在においてでさえ、現実化したそれと現実化しなかったそれとを比較することは不可能ではないか？　この疑念については、たとえば以下を参照。『足の裏に影はあるか？　ないか？　哲学随想』、入不二基義、朝日出版社、一一八―一二二頁。『まんが哲学入門――生きるって何だろう？』、森岡正博＋寺田にゃんこふ、講談社現代新書、一八五―二〇八頁。）

死と鑑賞

老いとは何かをよく知っているのは、もちろん高齢の方ですが、死についてはそうは言い切れません。とりわけ、周囲のひとに「死なれる」ことではなく、自分自身が「死ぬ」ことについては。身もふたもない話として、何歳であれ今生きている人は——どんなに高齢でも——まだ死んだことがないですし、何歳であれ今生きている人は——どんなに若くても——いつ死ぬか分かりません。

統計的な事実として、死は高齢者のより近くにあります。しかし、いま高齢である方は、これまでずいぶん長いあいだ死から遠ざかっていられたからこそ、現在、高齢となっています。他方、プロ棋士の村山聖（さとし）さんのように、幼少期から病を抱え、太く短く生きた人物にとっては、生涯を通じて死はそばにあります（『聖の青春』、大崎善生、講談社文庫／角川文庫）。

死の恐怖を「喪失」に見るなら、それが本当に大きいのは、むしろ若い人でしょう。未来に開かれた可能性を、死はいっぺんに消し去るからです。物語はきちんと収束する前に、突如終わりを迎えてしまいます。たしかに健康な若者の多くは、死を恐れているようには見えません。しかし、そのことは彼らが死と無縁であることをけっして意味せず、もし急に死が接近してきたなら、それは若者にとってこそ重いものとなりえます。その場合、彼らには、序章から終章までの全体性をもった物語として――長寿の方のように――自分の人生を振り返ることは難しいでしょう。

ところで、ある人生が幸福だったかどうかは、人生のどの時点で決まるのでしょうか。人生を一つの長編小説とか交響曲のような作品として見るなら、最後の一語、最後の一音が終わるまで、作品全体としての良さは判断できません。つまり、自分の人生の良しあしは、自分には判断できないことになります（完成時にはすでに死んでいるので）。この考えはいかにも硬直的ですが、とはいえ、人生を本当に一つの作品として鑑賞するなら、こうした鑑賞態度もありえます。私たちは実際、過去の偉人らの人生について、そうした鑑賞をすることがあるでしょう。

もちろん、いま述べた鑑賞態度は適度に緩めることが可能です。完全に人生が終わってからでなく、人生の終章に入った時点で――あるいは人生半ばまでの章を振り返るかたちで――人生の内部からその人生を物語として鑑賞することはできますし、それは一般的な態度だと言えます。私たちはごく普通に、これまでの自分の物語を鑑賞し、良しあしや幸不幸を判断しています。

しかし、人生を作品として見るとして、それを時間的な物語性をもった作品と見るべき必然性はあるのでしょうか。人生を画廊のようなものとして見て、人生の個々の場面を、画廊のまったく別々の画のように鑑賞することは不可能でしょうか。もしそのようなことが可能なら、人生は無時間化された作品の集まりから成るのであり、人生のなかの一つの場面が、前後の物語の力を借りない輝きをもつことがあるでしょう。切り取られたある瞬間の場面が、人生の全体と関係なく——人生の一部としてではなく——まさにその瞬間にのみ存在する輝きを、じかに所有することが。

　自分自身の人生をそのようなものとして鑑賞する人物は、長編小説にとってのある一語、交響曲にとってのある一音にあたる、人生におけるある一言動によって、作品全体が台無しになることを恐れません。そもそもそうした人物にとっては、台無しになったりならなかったりする作品全体などありえません。刻一刻と世界は別の作品に変わり、そこには、じかに良い作品と、そうではない作品があるだけです。

　いま述べたような鑑賞を真に徹底するならば、それは狂気でしょう。人生のすべての瞬間がばらばらの画に分解され、時間的な物語性と無縁の美や醜が点在する有様。人生のこうした有様は、それがある一人物の人生であることの意味を消し去るかもしれません。ただ、一方で私たちは、ごく稀（まれ）にそうした美や醜に出会い、それらはむき出しの幸不幸として、人生の切片を支配します。人生のなかに、人生の一部でない、幸福や不幸を作り出すのです。

（本節で描きとったのは、「死」の本当にわずかな一面です。より多様な面を見る助けとして、それぞれまったく毛色の違う二冊の近刊を挙げておきます。『自殺』、末井昭、朝日出版。『死の話をしよう』、斎藤慶典、ＰＨＰ出版。）

第５章　付録：小さな子どもたちに

大人の方へ

本章は短い「付録」ですが、小さな子どもの読者に向けて丁寧に書きました。身近に小さな子どもがおり、本章の内容を伝える価値があると思われた方は、ぜひ読ませて（聞かせて）あげてください。

反対のひみつ

きみの目は、きみの顔についています。だから、きみは、きみの顔をちょくせつ見ることができません。

きみの体は、きみにも見えます。でも、ぜんぶは見えません。とくに、前を向いているときは、自分の体はほとんど見えません。

でも、ほかの人の体はちゃんと見えます。ほかの人が今、なにをしているかは、よく分かります。

きみの心については、どうでしょう？　きみの思いは、きみの心のなかにあります。きみの思いは、きみにはよく見えています。

でも、ほかの人の心は見えません。ほかの人が今、なにを思っているのかは、ほとんど分かりません。

こんどは、きみが、ほかの人になったつもりで考えてみましょう。その人には、きみの体がよく見えています。その人には、その人の思いがよく見えています。でも、その人には、その人の体はあまり見えていません。その人には、きみの思いはほとんど見えていません。

さっきと反対になっています。これが「反対のひみつ」です。だれかとケンカをしたときや、大人におこられて頭にきたときは、反対のひみつを思いだしてみましょう。だれかがきみにイヤなことをしたのは「わざと」じゃなかったかもしれないし、きみはだれかに「わざと」じゃなくイヤなことをしていたのかもしれません。

声をつかう

きみは、とてもべんりな道具をもっています。それは、きみの声です。ほかの人には、きみの体しか見えません。きみの思いは見えません。でも、きみの声は聞こえます。きみの思いを声で話せば、ほかの人にも、きみの思いが分かります。

これは、ほんとうにすごいことです！　きみの思いを、ほかの人にうまく話せるようになれば、ケンカをしなくなるかもしれません。大人にもじぶんの考えを分かってもらえるようになるかもしれません。

きみの思いを、ほかの人にうまく伝えられるようになるには、どうしたらよいでしょうか？　まわりの人のじょうずな話しかたをまねして、自分の話しかたを工夫してみましょう。

イライラしているときには、心のなかで自分の思いを自分自身に話してみるのも良いです。そうすると、イライラの理由がすこしずつ分かってきます。

一つずつ遊ぶ

一つの遊びにむちゅうになると、とても楽しい気もちになります。そのときは、ほかの人のしていることも、ほかの遊びも、気になりません。「あれもしたい、これもしたい」と思って、いろいろな遊びをちょっとずつバラバラにやっていると、なんとなく楽しくありません。ほかの人のしていることに、イライラしてくることもあります。

いちどに一つのことだけをしていると、きみはだんだん「集中」ができるようになります。もし遊びに集中できるようになったら、ほかのことでも、すこしずつ、ためしてみましょう。

遊ぶときも、ごはんを食べるときも、勉強をするときも、一つずつ目の前のことをするようになると、ムダな心配がへってきます。遊びがもっと楽しくなり、ごはんがもっとおいしくなります。

やつあたりのひみつ

大人があまり教えてくれないことですが、人間には、わるいクセがあります。イライラしているときに、ほかの人にイジワルなことをして、すこしだけイライラをへらそうとするクセが、あるのです。

こんなふうに、イライラをへらすためにイジワルをすることを「やつあたり」と言います。ざんねんながら、子どもでも大人でも、たくさんの人間が、やつあたりのクセをもっています。もしかしたら、きみもちょっと、もっているかもしれません。

どうして、やつあたりをすると、ほんのすこしイライラがへるのでしょうか？　それは、心のなかの見たくないものを、ちょっとだけ見ないですむからです。

イライラしているときには、心配な気もちやつらい気もちが、じぶんの心のなかにあります。そういう気もちが見えてしまって消そうとしても消せないと、さらにイライラしてきます。

やつあたりをしているときには、そういう気もちが、あんまり見えなくなります。やつあたりをすることに、むちゅうになっているので、自分の心のなかが見えづらくなるのです。

でも、やつあたりをしているときも、心配な気もちやつらい気もちは、ほんとうは消えていません。ただ見えなくなっているだけです。そういうイヤな気もちは、あとで、すぐにもどってきます。しかも、まえより大きくなっていることもあります。

やつあたりをしたくなったときは、なにかを一つずつ、やってみましょう。遊びを一つずつやったり、用事を一つずつやったりしましょう。そうすると、気もちがだんだん、おちついてきます。

おちついてきたら、イライラの正体をしらべてみましょう。そして、イイライラをへらす工夫を考えてみましょう。きみの話をしっかり聞いてくれる人がいたら、いっしょに考えてもらうのも良いです。

一〇〇点と〇点

一つのことを考えはじめると、そのことで頭のなかが、いっぱいになる人がいます。そういう人は、一つのことに集中して、すごい仕事をなしとげることがあります。

でも、一つのことで頭をいっぱいにして、かんぺきなイメージを思いうかべていても、現実がそのとおりになることは、ほとんどありません。とくに、自分以外の人といっしょに何かをするときはそうです。たとえば、今日は友だちとこんなふうに遊ぼうと考えていても、そのとおりに遊べることは、めったにありません。

こんなとき、かんぺきじゃないならサイアクだ、と考えてしまうと、どうなるでしょう？　頭のなかには一〇〇点の今があるのに、現実には〇点の今しかないので、イライラしたり、悲しくなったりします。ほかの人や、しっぱいをした過去の自分に、とても腹が立ってきます。

一〇〇点じゃなかったら〇点、という考え方は、とてもクセになりやすい考え方です。このクセをなおしたいなら、いっぺんになおそうとしてはいけません。いっぺんに、かんぺきになおそうとするのは、「一〇〇点じゃなかったら〇点」という考え方そのものです。

大切なのは、一〇〇点と〇点のあいだにたくさんの点数があることを、じっさいの生活のなかで知ることです。現実には、一〇〇点の今はもちろん、〇点の今だって、めったにありません。〇点の今だと思っても、よく見てみたら五〇点だったり六〇点だったりします。

うまくいかないことがあったとき、怒るのをぜんぶがまんするのは、とてもむずかしいことです。でも、五〇点くらいの「だめさ」のときに、〇点のときのようにつよく怒らないで、かるく怒るようにすることなら、だんだんできるようになります。そのためにはまず、一〇〇点と〇点だけでなく、いろいろな点数をつける練習を、心のなかでしてみましょう。

後悔の理由

なにを選んでも、「ちがうほうを選べばよかった」と、いつも後悔してしまう人がいます。そういう人は、自分が選んだものを十分に楽しむことができないので、しょっちゅう損をしています。

水族館と動物園のどちらに行くかを選んだとしましょう。水族館を選んで、そちらに行ったばあい、水族館にいる今は現実です。現実の世界はとても細かいところまで、その内容がきまっています。たとえば、イルカを見ているとき、きみの髪の毛が何本あるかさえ。

だから、もしきみが細かいイヤなことを気にする性格だと、水族館にいる現実の今への、細かい不満がたくさん見つかるでしょう。人が多くてうるさいとか、ショーが近くで見られないとか。そしてきみは、そんなとき、水族館ではなく動物園に行けばよかったと、後悔をしてしまうかもしれません。

でも、そのときききみは、次のことを見のがしています。選ばなかったほうの「動物園にいる今」は、それがどんな今なのか、正確にはきまっていないことを。それは頭のなかにある「空想としての可能性」であり、現実の今と違って、細かい内容がありません。だから、とうぜんその今には、細かいイヤなところもないのです。

もし水族館ではなく動物園を選んでいたなら、動物園にいる今が現実になり、こんどはそちらの今のほうへの、細かい不満が見つかったでしょう。

外を歩くのは暑いとか、動物のにおいがくさいとか。そして、動物園ではなく水族館に行っていればよかったと、後悔をしたにちがいありません。なにかを選ぶということは、自分で選んだものに向かって近づいていくことです。近くに行けば、どうしても、細かい欠点が見えてきます。後悔ばかりする人は、自分が選ばなかったものが遠くにあることに気づいていません。そちらは遠くにあるために、細かい欠点が見えないのです。

外の世界

「どうして勉強をしないといけないのか」。この質問には、たくさんの答えがあります。そうした答えのうちの一つは、「今いる世界の外に出たくなったとき、出るための力になるから」です。

今きみは、どこかの学校や、どこかの町や、どこかの家庭でくらしているでしょう。それが、きみが今いる世界です。もしきみが、自分が今いる世界が好きなら、それはとてもラッキーなことです。

でも、もしかすると、きみは今いる世界がきらいかもしれません。そこには、イヤなことや、つらいことが、たくさんあるかもしれません。

今いる世界から出たくなったとき、いろいろな勉強をしてきた人は、そのためのじゅんびができています。いろいろな勉強をしておくことは、いろいろな出口をつくっておくことでもあります。

そして、今いる世界が好きな人も、一生そこにいられるとはかぎりません。学校はかならず卒業しますし、町や家庭も変化していきます。そして、なによりも、きみ自身がどんどん変化していきます。

今いる世界がきらいな人も、今いる世界が好きな人も、外には別の世界があると知っておくことは大切です。今いる世界がすべてだと思うと、つまらなくなったり、くるしくなったりします。

今いる世界でほめてもらえる勉強だけが、勉強ではありません。今いる世界でほめてもらえないことでも、それが認めてもらえる世界が外にある、ということを知るのだって、勉強です。

きみのまわりには今、外にどんな世界があるのかをよく知っている人がいないかもしれません。もしそうなら、きみは自分ですこしずつ世界を広げていかなくてはなりません。本やコンピュータはそのとき、きみのことを、たくさん助けてくれます。

III

第6章　なぜ幸福であるべきか

ホワイ・ビー・ハッピー

なぜ幸福であるべきか――、「幸福であること」をごく限られた意味にとるなら、アランの次の有名な言葉はその一つの答えとなるでしょう。「幸福になることはまた、他人に対する義務でもあるのだ」（『幸福論』、神谷幹夫訳、岩波文庫、三一二頁）。機嫌の良さも機嫌の悪さも、周囲の人にたやすく伝播（でんぱ）するのであり、周囲を幸福とするためにも自分が幸福でなければならない――、アランはそう考えます。

これは美しい答えであり、一面の真実を含んでいると思いますが、美しすぎる答えでもあります。私ならこれと同じことを、せいぜい次のように述べるに留めます。「不機嫌でないことは、他人に対する義務でもあるのだ」。「私」が不機嫌であることは、周囲の人にも「私」自身にも、たしかに害をもたらします。しかし、「上機嫌であることは、他人に対する義務でもあるのだ」と言うなら、残念ながら、それは嘘でしょう。上機嫌であることは、ときに他人を傷つけるからです。まして、アランの言葉をもとに「他人を幸福にすることは義務である」とまで言うなら、次のような反発は避けられません。

他人を幸福にすることを義務と信じている人は、おうおうにして――アランのように――マジョリティの感受性をそこにもってきて平然としている。すべての人の欲望・感受性・趣味嗜好（しこう）・信念は一致するという何の根拠もない想定のうえにあぐらをかいて、他人を幸福にすることの果てしない難しさを直視しようとしない。

（『不幸論』、中島義道、ＰＨＰ文庫、一二一頁）

「幸福」は多義的で複雑であり、アランのように美しい仕方で本章冒頭の問いに答えることはできません。「幸福」という言葉の複雑さに見合った、複雑な答えがどうしても必要であり、そのためには本章で見ていくような哲学的思考が求められます。

「なぜ幸福であるべきか」という問いは、最初は奇妙な問いに感じます。でも、「幸福とは何か」という問いにいくつかの答えがあるとして、しかも、それらの答えに両立不可能な部分がある場合、特定の意味での幸福について、「なぜ幸福であるべきか」と問うことには価値があります。〈はじめに〉で見た通り、「幸福とは何か」についての諸説は、「なぜ——ある意味での幸福について——幸福であるべきか」を同時に論じているものなのです。

「快楽説」「欲求充足説」「客観的リスト説」という、幸福についての三つの代表的な説が衝突を起こす状況を考えてみましょう（各説の概略については〈はじめに：主観と客観〉を参照）。分かりやすいのは、快楽説が客観的リスト説と衝突する状況や、欲求充足説が客観的リスト説と衝突する状況です。これらは、主観的な幸福の要素と客観的なそれとの衝突と見なせます。

少し考慮が必要なのは、快楽説と欲求充足説が衝突する状況です。そこでは主観的な要素の二種類のずれ方がありえます。快楽はあるが欲求充足はなされていない、というのが一つ目のずれ方。快楽はないが欲求充足はなされている、というのが二つ目のずれ方。前者としては、広義の錯覚によって快楽を得ている状況が挙げられます。たとえば、〈ある人物が有名な絵画を購入し、快楽を得たまま一生を終えたが、その絵画が実は贋作(がんさく)であった〉というような状況。他方、後者としてはこんな例が挙げられます。〈有名な画家になりたかった人物が、無名のままに一生を終えたが、死後に作品が評価されて有名な画家になった〉というような状況。

次の点に目を向けましょう。ある意味での幸福と別の意味での幸福が両立不可能であるとき、その理由はしばしば、二種類の幸福の実現がたまたま不可能だという事実にあります。たとえば、二つの行為――どちらも何らかの意味での幸福につながる――を同時になすことができない能力的な事情（肉体・時間・金銭その他の制約による事情）がたまたまあるとき、私たちはどちらか一方の行為を優先するものですが、このことはけっして、選ばなかった行為の先にあった幸福が偽の幸福だったという判断を含みません。

表現がやや抽象的なので、ぴんと来ないかもしれませんが、述べているのはごく普通のことです。たとえば明日の休日に、快楽のために遊園地に行く選択もあれば、将来の欲求充足のために試験勉強をする選択もありますが、このとき、選ばなかったほうの幸福を偽の幸福と言う必要はないでしょう。遊園地で遊びながら同時に試験勉強ができないのはたまたまであり――ほとんどの人間の能力が偶然そうなっているだけであり――もし両方が同時にできるなら、多くの人はそれを選ぶでしょう。

　ですから、「なぜ幸福であるべきか」という問いが個々の幸福に関して発せられたとき、その問いを「何」についての問いに置き換える――つまり、何が本当の幸福かを問う――のは早計です。それぞれの幸福にはそれを得るべき理由があり、たとえ両立が不可能な場合でも一方の幸福が偽ものになるわけではありません。一枚のステーキ肉をレアに焼くと同時にウェルダンに焼くことはできませんが、だからといって一方の焼き方が偽ものになるわけではありませんし、そして、レアにはレアの良さが、ウェルダンにはウェルダンの良さが――それぞれそのような焼き方であるべき理由が――存在しています。

軽さと重さ

こんな疑問があるかもしれません――。AとBのどちらかをいま実際に選ぶには、Ａであるべき理由とＢであるべき理由のほかに、ＡとＢの一方を優先すべき理由も要るのではないか。だとすれば、「レアにはレアの良さが、ウェルダンにはウェルダンの良さが」あると言って済ませることはできず、そのうえでなお一方を選ぶ理由――たとえばレアの良さをウェルダンの良さより評価すべき理由――が必要であり、「本当」や「偽」といった表現はそのような場合に用いられるのではないか。

もしこの問いにイエスと答えるなら、ステーキ肉の焼き方についても「本当」があると言えるかもしれません。レアをウェルダンよりも優先すべき理由があるなら、レアこそが本当のステーキであり、ウェルダンは偽のステーキとなるのです（芸術作品の評論にはこの種の表現があふれています）。幸福についても同じであり、もし主観的幸福を客観的幸福よりも優先すべき理由があるなら、主観的幸福こそが本当の幸福で、客観的幸福は偽の幸福だということになります。

しかし、このような見解は日常の実践から遊離しています。私たちはＡとＢのどちらかをいま実際に選びますが、ほとんどの場合、ＡとＢのどちらかに永久の誓いをするわけではありません。いまレアを優先すべき理由は、これから一生レアを優先すべき理由ではないですが、幸福の選択についても同じです。どの意味での幸福をいま選ぶかは日替わり（秒替わり）であるのが普通なのです。ごく稀に、永久の誓いに類する選択が異なる幸福のあいだで求められることがありますが――たとえば結婚や就職に関して――人生にとってのその重要性は、それが選択の代表例であることを意味しません。むしろ、それは重要であるがゆえに、特殊例として別枠で論じるべきものです。

食事の比喩を続けるなら、いま何を食べるべきかの選択は通常、ベジタリアンになるか否かの選択のような、日替わりが困難な種類のものではありません。日替わりが可能な「軽い」選択だからこそ、それは多くの試行を可能にし、量と多様性によって人生に豊かな彩りを与えます。軽さには軽さの役割があり、軽さが人生の大部分を作るのです。

幸福についても、上記三説の一つだけに誓いを立てて生きるのは、不自然で無理のある生き方と言えるでしょう。たくさんの「軽い」選択においてそれらを日替わりで選ぶからこそ、人生には多様な幸福が生じ、多様な未来の可能性も開かれます。もし、単一の説に誓いを立て、たとえば快楽だけを求めて生きたなら、未来の可能性もまた縮減してしまいます。

他方、日替わりが困難な「重い」選択について考えてみましょう。その選択は強い一回性をもち、その後の人生を方向付けます。取り返しがつかないという点で、これはたしかに重要な選択です。しかし、人生におけるこうした選択を、上記三説の比較のかたちで熟慮する人などいるでしょうか。こうした選択は決定的に重要だからこそ、幸福説の比較のような一般論によってではなく、細部の事情の付き合わせによって——まさに一回性ゆえの具体性のもとで——なされるのではないでしょうか。

さらにここでは、未来の局面を捉えることの困難についても考慮すべきです（→第4章：物語的完全主義）。いまこの時点で「重い」選択をするとき、諸選択の先の局面を正しく把握することはきわめて難しく——あとから振り返ったときとは異なり——それゆえ私たちは、幸福Aを含む人生と幸福Bを含む人生との選択ではなく、幸福Aを含むかもしれない人生と幸福Bを含むかもしれない人生との選択を迫られます。ですから、たとえ「本当の幸福」について一家言（いっかげん）あったとしても、それに過度の信頼を置いて「重い」選択をすることはできません。つまり、ある幸福が必ず手に入るという前提のもとで、幸福の比較をする余裕はないのです。

ソクラテスの誤謬

以上の話から分かる通り、幸福についての三説のうち、どれが「本当」なのかという議論に私は加わりません。もしこれらの説を、幸福とは……であり……だけが幸福であるという説として理解するなら、それらはすべて間違っています。しかし、それぞれが挙げる幸福の要素を見るなら――快楽、欲求充足、そして（客観的リストに含まれている）客観的な人生のよさ――それらはどれもが、ときとして「本当」の要素となるのであり、要素が一つに定まっていないことが人生に豊かさを与えます。とりわけ、過去を評価する場合ではなく、いま実際に選択をして、幸福を得ようとする場合には。

三説についてむしろ考えたいのは、それらが挙げる幸福の諸要素が、なぜ「幸福」という一つのまとまりに貢献するものと見なされているのかです。快楽、欲求充足、客観的な人生のよさ――、これらに共通する何らかの性質がその理由を与えるのでしょうか。もしそのような性質があるなら、次のように言えば、問題は解決です。「幸福とは、その性質をもつことだ」と。しかし、そのような性質についての共通見解は存在せず、それゆえ、だれもが認める幸福の定義もありません。

哲学史的には、「ソクラテスの誤謬（ごびゅう）」と言われるものが、ここでの話に関わっています。ソクラテスは幾度か――プラトンの書いた対話篇のなかで――「……とは何か」という問いを投げかけ、それに対して相手が具体例を挙げると、こんなふうに応じます。「ぼくが君に要求していたのは、そんな、多くの敬虔（けいけん）なことのうちのどれか一つ二つをぼくに教えてくれることではなくて、すべての敬虔なことがそれによってこそ、いずれも敬虔であるということになる、かの相（すがた）そのものを教えてほしいということだったのをね」（『エウテュプロン』、『プラトン全集一』所収、今林万里子訳、岩波書店、6D―E節）。ソクラテスは「美」や「勇気」などについても、類似した応答を他所で行なっています。

ソクラテスのそうした応答が、〈もし……とは何かを知らないなら、あることが……かどうかを知らない〉といった方向へ進むとき、後世（こうせい）の解釈家の一部は、それを「ソクラテスの誤謬」と見なします。たしかに一般論として私たちは、「あることが……かどうか」について、「……」の定義を知ることなしに、知っていることが可能です。たとえば私は「植物」の正確な定義を知りませんが、「バラは植物である」ことを知っています。

ルードヴィヒ・ウィトゲンシュタインは、死後に出版された『哲学探究』という本のなかで、「家族的類似性」という概念を提示しました。一つの家族（親族）のある構成員は、他の構成員と何らかの仕方で似通っているものですが――たとえば体つき・顔・眼の色・歩き方・気質など――すべての構成員にあてはまる一つの特徴があるわけではありません。ウィトゲンシュタインはこれを家族的類似性と呼び、私たちの用いる言語のなかにも、それが見出せると述べました。たとえば「ゲーム」という言葉はさまざまなものを指し示しますが、そのすべてに共通する「ゲーム」の本質は存在しません。点数を競う、二人で遊ぶ、決着がつく……といったどんな特徴も、すべてのゲームにあてはまるものではありません。

家族的類似性の提示は、ソクラテスへの鋭い返答となっています。「敬虔である」多くの事例を示すことは「敬虔」の立派な説明なのであり、そうした事例に共通の本質がなくとも、「あることが敬虔かどうか」を知ることはできます。なぜなら「敬虔」とはそもそも、家族的類似性をもったさまざまな事柄の集まりを指すからです。幸福についてもかなりの程度、同じ指摘をすることは可能でしょう。「幸福である」

多くの事例を示すことは「幸福」の立派な説明であり、あの三説に関しても、そのすべてに共通する「幸福」の本質を見つける必要はないのだ、と。

とはいえ、ただ「家族的類似性」と言うだけでは、ほとんど答えになっていないのは事実です。それは新鮮な概念であり物事の見方を変える力をもちますが、しかし、細部を埋めなければ強力すぎて役に立ちません。あらゆる事物は、それぞれどこかでは類似しているのであり、それゆえ、その気になれば世界の任意の諸事物は家族的類似性のもとで一つにまとめられてしまいます。

「幸福」が、家族的類似性をもった事物の集まりであることは、いま述べた意味では自明のことです。重要なのは、それが無意味な——適当に集めたのと変わらない——集まりではなく、有意味な集まりであることをどう説明するかであり、その点を考慮するなら、ソクラテスは誤謬をおかしていないという解釈もありえます。つまり、すべての「……」の事例に共通する本質（＝相）が実在するかどうかにかかわらず、仮にそれがあるとすればどんなものかを対話で探り出すことで、「……」の事例の集まりが有意味な集まりである理由を知ろうとしているのだ、という解釈も。

共振の事実

快楽、欲求充足、客観的な人生のよさ、これらのものに有意味な家族的類似性を求めるとき、家族にとっての「体つき・眼の色・気質」のような項目として、何を考えればよいでしょうか。こう問われると意外にも、適切な答えはすぐには見つかりません。私はこの問いに対しては、類似性よりも共振性こそが重要であると答えたくなります。つまり、これらの三要素が有意味な集合としてまとまっている理由を、三要素のうちの複数がしばしば同時に実現する点に求め、この同時実現をたんなる偶然の同時実現と区別して、「共振」と呼びたいのです。

「ソクラテスの誤謬」のもとで幸福についての三説を眺めると、ときに共振が起こらないことが大問題であるように感じられ、三説のいずれかは間違っているはずだと言いたくなります。しかし、快楽、欲求充足、客観的な人生のよさ——、いまから確認するようにこれらはしばしば共振するのであり、人間という生物の自然史において、それは見逃せない事実です。生活の多くの場面にてこの三要素が共振するのなら、それらをひとまとめに呼ぶ言葉——「幸福」——をもつことには十分に意味があるでしょう。

快楽と欲求充足が共振しないとき、何が起こっているかを再確認しましょう。先述した「贋作」の例――贋作の画の持ち主がそれを贋作と知らず喜んでいる例――は「錯覚によって快楽を得る」例であり、「画家」の例――名声を得たかった画家が死後に高く評価される例――は「意識の外で欲求が充足する」例でした（前者としては、ロバート・ノージックによる「経験機械」の想定が有名です（詳細は本節末部））。こうした特殊な状況で共振が妨げられるということは、裏を返せば、普通の状況では共振が多々起こるということですが、その場合、私たちは欲求を充足し、そして快楽を得ています。このとき得られる快楽には二つのものがあると言えるでしょう。一つは欲求が充足したことによる快楽（満足）であり、もう一つは欲求された事物そのものに含まれていた快楽（快感）です。たとえば、ずっと就きたかった仕事に就くことは、望みが叶ったことによる快楽（満足）と、その仕事そのものに含まれている快楽（快感）の両方をもたらします。

欲求の充足それ自体がしばしば快楽をともなっている――、共振について考えるうえで、これは基本となる事実です。一般的な事例において、快楽と欲求充足は共振するのが普通なのであり、技巧的な特殊事例において共振しないことがあるにすぎません。また、欲求対象に含まれる快楽（快感）については、目先のそれ（快感）に溺れることが他の欲求充足を妨げることもありますが、このことを、快楽と欲求充足との共振失敗と見るのは誤りです。ここで真に対立しているのは、ある短期的な欲求―快楽のセットと、他の欲求―快楽のセットであり、快楽と欲求充足が対立しているわけではないからです。

一つ懸念があるとすれば、主観的幸福と客観的幸福のずれをどう考えるか――それらはしばしば共振しないのではないか――ですが、この点については次のように言えます。これらがしばしば共振しないように見えるのは、客観的幸福と聞いて思い描くものに不適切な偏りがあるからです。主観的幸福と対置された客観的幸福は、主観的欲求と頻繁に衝突するもののように思い描かれ、率直に言って、他者からの「説教」を連想させます。自分の望む生き方とは別の生き方が、客観的幸福という題目のもとで押し付けられるように感じるわけです。

しかし、これは客観的幸福というものに対する不十分な考えです。私たちは、客観的リストの項目としての客観的幸福を論じているのであり、当然そこには主観的にも承認しうる項目がたくさん含まれているはずです。たとえば、健康であるとか、一定の収入があるとか、社会から認められているとか――。客観的リストの項目の多くは快楽や欲求充足と共振しうるのであり、その頻度はかなり高いと言えます。他者との衝突に目を奪われて「説教」を客観的幸福と直結させるのは、木を見て森を見ていません（他者との衝突の問題については、本章の後半で再考します）。

そしてさらに付け加えるならば、「説教」を通して強制された客観的リストの項目でさえ、それを獲得したあとになれば――たとえばアルコール依存症からの離脱――快楽や欲求充足と共振することは可能です。もちろん、それはつねにではないですが、高い頻度で可能なのであり、とりわけ幼児の教育はその可能性を前提に成立しています。大多数の幼児は「マジョリティの感受性」（中島前掲書、同頁）の強制に順応し、いったんそれを得たあとでは――幸か不幸か――主観と客観との共振を学びえます。

（本節で触れた「経験機械」の使用者は――映画『マトリックス』に似た状況があったように――タンクの中に入って脳を刺激されているだけですが、自分の望むどんな経験でもその脳刺激によって得ることができます。ノージックはこの想定を通じて、ただ快楽（快い経験）をもつだけでは不十分ではないのかと問いかけます(『アナーキー・国家・ユートピア』、島津格訳、木鐸社)。)

客観的リスト

客観的リスト説については本書の各所で触れてきましたが、リストの具体的な品揃えに関してはあまり述べてきませんでした。その品揃えに何を含めにくいか、という点に注意して次の引用を見てみましょう。

快適な住居や食事、家族や友人、健康や自由や余暇というのは、おそらく誰にとっても当人の利益となると思われる。しかし、美的な経験はどうだろうか。オペラ鑑賞あるいは名画鑑賞は人々の幸福のために必要だろうか。また、政治参加はどうだろうか。[…]やりがいのある仕事はどうだろうか。[…]仮にこのような利益のリストが過不足なく作られ、みながそれに合意することができればよいが、どんなリストを作っても多すぎる、少なすぎると論争になりそうだ。

もっとも、この考え方は政治レベルではかなりうまく行くだろう。人間の幸福につながる利益のリストに比べて、不利益のリストは合意が得やすい。病気や貧困、戦争や飢餓などは、まず間違いなく誰の幸福にとってもマイナスだ。［…］「最小不幸社会」を作るという発想は、幸福へのこうした障害を取り除くことを政府の主要な目的にするということだ。

（『功利主義入門』、児玉聡、ちくま新書、一六三―一六四頁）

利益のリストよりも不利益のリストは合意が得やすい、というのは重要な指摘です。不利益の回避を中心とした最小限のリストを作ることは、押し付けにならずに客観的リストを作る一つの有効な方法でしょう。そしてまた、そのようなリストの項目に関しては、快楽や欲求充足との共振も自然に生じるでしょう。

ただし、客観的リストがこれだけのものなら、それが「幸福」と等価でないことは明らかです。いま述べた意味での客観的リストは、「不幸でないこと」と等価なのであり、不幸でないことは幸福であることとは違います。不幸でないことは幸福であるための（必要）条件ですが、しかし、不幸でないだけでは幸福であるとは限りません。

　不利益合意型の客観的リストは、そのため、混合型（ハイブリッド）の幸福説に向かいがちです。つまり、そのリストによって「不幸でない」条件を規定したのち、そこに他の説を混ぜていくことで「幸福である」条件を得ていくわけです。しかし、容易に予想されるように、この作業は幸福についての三説の対立を再燃させるものです。「幸福である」ための追加条件を、客観的に与えようとすれば押し付けが避けられず、主観的に与えようとすれば客観的価値との衝突が避けられません。

　ところで客観的リスト説については、次の素朴な——しかし重要な——問いがあります。客観的リスト説の名称における「客観」とは何か、という問いです。それはたとえば、物理学は客観的対象を扱う、というような意味での「客観」なのでしょうか。だとすれば、物理学における「客観」の意味の専門的な検討——科学哲学などの分野でなされる——が、幸福の客観的リスト作りには必要なのでしょうか。

　既存の客観的リストの品揃えを見ますと、そうでないことは明白です。率直に言って、客観的リストとはけっきょく公共的リスト（多くの人に支持されるリスト）のことなのであり、何か高踏的（こうとうてき）な客観性の規定がリストを支えているわけではありません。それは多数派の多数派による多数派のためのリストなのです。その意味では、客観的リストが（公共性を重んじた）政策決定と親和的なのは、ごく自然なことだと言えます。

二つの質問

幸福についての三説は近年でもさまざまに論じられており、たとえばクリストファー・ウッダートは二〇一三年の論文で、こんな指摘をしています（Classifying theories of welfare. *Philosophical Studies* 165(3)。既存の三説による「幸福（welfare）」の分類はいくつかの問題を抱えており、より良い分類はほかにある、と。以下、詳細になりすぎないように注意して、その議論を紹介してみます（welfareについてはwell-beingと同様に「幸福」と訳しています）。

ウッダートによれば、既存の三分類ではうまく扱えない専門的な諸説が存在するほか、さらに根の深い難点として、その三分類は「枚挙的質問（enumerative question）」と「説明的質問（explanatory question）」の区別を曖昧にする、とされます（この区別はロジャー・クリスプから引き継がれたもの）。枚挙的質問とは「幸福の構成要素は何か」というものであり、他方、説明的質問とは「あるアイテムが幸福の構成要素だとされるのは、なぜか」というものです。

二つの質問をしっかり区別すると、快楽説・欲求充足説・客観的リスト説がなぜ対立的なかたちで提示されているのか分からなくなるとウッダートは述べます。たとえば、枚挙的質問に対し「快楽」や「欲求充足」と答えるのを拒んだからといって、説明的質問に対し客観的リストに訴える必然性はありません（↓本章：共振の理由）。問われている質問が違うなら、上記三説からただ一つだけを選ぶ必要はないでしょう。

こうした批判を重ねたうえで、ウッダートは三分類への代案を述べます。まず枚挙的質問に対して、「体験（experience）」を必要とする応答としない応答、そして、「欲求充足」を必要とする応答としない応答との、二×二の組み合わせを考え、四つの分類を行ないます。次に説明的質問に対しても違う仕方での四分類を行ない、最終的な全体の組み合わせとしては、四×四で十六通りの立場が得られます（それらのなかには無益なものもあるでしょうが、とりあえずの可能性として、これだけのものが得られるというわけです)。

従来の欲求充足説が、枚挙的質問に関する四つの分類のどこにあてはまるかを考えてみましょう。もちろんそれは〈欲求充足が必要〉の区分のなかにありますが、問題は、体験が必要かどうかです。広く認められている解釈のもとでは、欲求充足説は〈体験が不要〉の区分に含まれます。だからこそ、死後に欲求が充足するような例が考慮に値したのです。しかし別の解釈によれば、欲求充足説は主観的な満足を必要とし、それゆえ〈体験が必要〉の区分に含まれます。なお、欲求充足とは欲求が現実に充足することなので、欲求が充足したという錯覚による満足感は、欲求充足による満足と区別されます。

他方、快楽説は〈体験が必要〉の区分に含まれますが、〈欲求充足が必要〉の区分に含まれるかどうかは「体験」の解釈によります。「体験」ということで、心の外の現実に関わらない、まったく内面的な体験を考えるなら、妄想の世界で偽りの満足感を得た場合でも快楽説のもとでは「幸福」だと言えます(この場合には、欲求充足は不要です)。しかし「体験」ということで、現実に即した(veridical)体験を考えるなら、欲求もまた現実に充足されるのでなければならず、たとえ快楽説のもとでも妄想の世界で満足するだけでは「幸福」とは言えません。私の勝手な好みとしては、特定の問題領域におけるいくつかの対立をカタログ化して、それらを順に組み合わせることで新しい「説」を探すやり方は、あまり魅力的に思えません。しかしこの点を差し引いても、ウッダートの議論には魅力があります。幸福の説を分類する際、従来の三分類のようにすべてを横並びで提示するのではなく、立体的な分類を提示する手順に、独自の工夫があるのです。次節ではその工夫について、改めて述べることにしましょう。

三階の問い

説明的質問への応答として、ウッダートは次の四分類を示します。まず、そもそも、説明的質問に対する一般性をもった正しい答えはあるのか？「ない」とする立場をウッダートは「無回答説（no-answer theories）」と呼び、これは無視できない立場だと論じます。他方、「ある」とする立場については、「主観説」「客観説」「自然主義説」の三つを提示し、それぞれをこう説明します。説明的質問に答える際に、主体の態度（後述）のみに訴えるのが主観説、客観的な価値に訴えるのが客観説であり、そして主体の態度にも客観的な価値にも訴えず、生物学的機能に訴えるのが自然主義説である、と。

「主体の態度」とは、ある人物の幸福の構成要素に対して、その人物がもつ積極的態度のことです。主観説によれば、説明的質問への答えは主体の態度のみによって与えられます。ただし、主観説をとることは、枚挙的質問に対して何らかの客観的アイテム（主観的な体験を要さないアイテム）を挙げることと矛盾しません。ですから、心の外の客観的な事実――たとえば欲求が現実に充足すること――を枚挙的質問への答えに含めたとしても、そのうえで主観説をとることは可能です。

客観説において重要なのは、客観的な価値の実在を認める点です。世界には、人間の主観によって決められたのではない客観的価値というものがあり、そしてそれこそが、あるアイテムが幸福の構成要素に含まれることの説明になる――、これが客観説の主張です。ウッダートによる客観説の規定では、説明的質問に答える際に客観的価値に訴えているなら、さらに別のもの――たとえば主体の態度や生物学的機能――に訴えた場合でも、その主張は客観説に含まれます。

本書の〈はじめに〉で見たように、幸福については三つの問いかけが可能です。幸福とは何か、いかにして幸福になるか、そして、なぜ幸福になるべきか。ウッダートの議論の面白さは、「何」の問い（幸福とは何か）と「なぜ」の問い（なぜ幸福になるべきか）のあいだに――枚挙的質問と説明的質問の比較を通じて――立体構造を作った点にあります。「何」と「なぜ」のそれぞれについて四分類が無関係にあるのではなく、まず「何」の四分類があり、「何」の中身がなぜそれなのかを上の階から答えるのが「なぜ」の四分類になっているわけです（ウッダート自身はこのような立体的表現を用いていませんが）。

ウッダートの議論を素材として、ここからは自由に考えてみましょう。客観的リスト説が「説教」になるとき、客観的リスト説は「なぜ」への客観説に与し、何らかの客観的価値（と話者が考えるもの）の押し付けを図ります。このとき、「何」の問いに応じた快楽説などを対置したとしても、すれ違いにならないで押し付けに抗うことは困難です。「なぜ」に対して別の「なぜ」をぶつけない限り、適切な対置とはならないからです。

そして、ここが興味深い点ですが、「なぜ」に「なぜ」で応じるとき、「何」の中身が何であるかは下の階の問題となっており、「何」の中身への直観的反発はそのままでは役に立ちません。たとえば、客観的リスト説のもとで金持ちになることがリストに載せられたとき、それに反対することを想像してみましょう。「金持ちになることは、幸福の構成要素ではない」と述べるだけでは、「何」の中身への反発が示されただけであり、金持ちであることが客観的価値であることに反対しているのか、何らかの客観的価値によって幸福の構成要素が決まることに反対しているのか、それともその両方なのか、分かりません。さらにここには、客観的価値は公共的価値（多数派の価値）とどう違うのか――同じではないのか――という、先述した問いも関わっています。

立体構造について再度述べるなら、枚挙的質問に関わる一階には、さまざまな幸福の構成要素――「何」の問いへの回答――が置かれます。ステーキの比喩を使うなら、「レア」や「ウェルダン」が置かれるわけです。そして説明的質問は、二階から一階に向けてなされます。すなわち、「なぜレアであるべきか」「なぜウェルダンであるべきか」のように。こうして事柄を整理していくと、私たちはすでに「三階の問い」についても論じていたことが分かります。すなわち、あるアイテムについての「なぜ」と他のアイテムについての「なぜ」がそれぞれ二階で述べられても、それらのアイテムをけっして同時には得られないとき――レアとウェルダンのように――私たちは一方の「なぜ」を優先すべき理由を、三階の「なぜ」として求めるのです。

三階で比較される二階の「なぜ」が、主観説・客観説・自然主義説の分類に関して一致しないとき――たとえば主観説に立つ「なぜ」と客観説に立つ「なぜ」が比較されるとき――三階の問いはより複雑になります。なぜなら、ある一つの指針（たとえば主観説における「積極的態度の強さ」）のもとで「なぜ」の優劣を決めることができず、複数の異なる指針のあいだで優劣を決めねばならないからです。ところで、このとき私たちは、二階に位置する異種の「なぜ」の一般的比較をする必要はありません。三階で比較されるのは、ある具体的なアイテムに限定された主観説や客観説などであり、主観説一般や客観説一般ではないのです。だからこそ、私たちはこの三階において、しばしば日替わりの選択をします。いま手の届く具体的アイテムがつねに介在している点が重要であり、三階の問いは必ず、二階を経て、一階にも問いを広げます。

（一階に位置するアイテムについても、「健康」のような一般的対象しかそこに含まれていないのだとすれば、この立体構造には地下一階があるはずです。つまり、いま本当に選択していること――たとえば目の前のビールを飲むか否か――に関わる、具体的で個別的なアイテムを置く階が。）

共振の理由

快楽、欲求充足、客観的な人生のよさ――、それらがひとまとめに「幸福」と呼ばれる理由を私は「共振」に求めましたが（→本章：ソクラテスの誤謬）、前節での議論は、この共振の仕組みを部分的に解き明かすものと言えます。

ウッダートの論文や同時期の他の諸論文を見ますと、快楽説・欲求充足説・客観的リスト説の各々が、それを枚挙的質問への応答と見なすか、説明的質問への応答と見なすかについて、微妙な問題をはらんでいることが分かります（たとえば欲求充足説は、どちらの質問への応答としても解せます）。そのため、枚挙的質問と説明的質問の区別に敏感な論者は――ウッダートだけでなく他の論者も――この三説を捨て去って、新たな諸説の分類を試みています。どちらの質問に答えているのかさえ判然としない三説の分類は、曖昧であまり役に立たないというわけです。

しかしここで私たちは、むしろ次のように考えてもよいでしょう。従来の三説が啓発的だったのは、そのいずれもがときとして、枚挙的質問と説明的質問の双方に答えざるをえないものであり、それゆえ、立体構造における各階の行き来――各階における問いの連鎖――を私たちに強制したからだと。そしてその行き来の過程は、私たちが日々の選択のなかで、快楽、欲求充足、客観的な人生のよさを共振させようとする過程に重なるものだと。なぜなら、限られた数の行為によってより多くの共振を得ることは合理的（リーズナブル）であり、そうした行為を選ぶには、各階の行き来が必須だからです。

三説のどれを支持する人でも、快楽、欲求充足、客観的な人生のよさのすべてが一度に得られた場合に、どれかを放棄することはしないでしょう。そして先述したように、それらを同時に得ること（共振）はけっして珍しくないのであり、それが可能である以上、私たちはそれを頻繁に狙います。何のことはない、たとえば朝食を選ぶときでさえ、私たちはその一つの選択がより多くの共振を生むような合理的配慮を行ないます。

立体構造の三階での「なぜ」は、一階に置かれた具体的な「何」（アイテム）とつねに結びつけられており、そして二階の「なぜ」に関して日替わりの応答を許しました。しかし日替わりの応答においても、私たちはいま選ぼうとしている行為が高い共振性をもつことを希求し、できるなら、ある一つの行為選択が同時に複数の問いに答えてくれる状況を作ろうとします。

朝食にステーキではなくパンを選ぶとき、私は「何」の問いだけでなく、「なぜ」の問いにも多様に答えることができます。朝はステーキよりパンのほうが美味しい。パンのほうが食欲をそそる。朝食はステーキよりパンのほうが、健康的であり経済的である。このとき、一階の「パン」からは、二階を経て三階へ行く経路が同時にいくつも開かれており、ただ、パンをいま選ぶだけで、各経路は共振を起こします。

選択者の目から

朝食の例は些細であるために、こんな意見があるかもしれません。幸福についての哲学的（倫理学的）問題とは、はるかに重い選択におけるジレンマに関わるものであり、朝食の例のようには簡単に共振しない点こそ問題なのだ――。

この意見は半分正しく、半分間違っています。たしかに重い選択においては、朝食の例のように簡単に共振を得ることは難しいでしょう。たとえば、家族の介護をするためにやりたい仕事を諦めるべきか、といった選択において（→第7章：相互侵食）。しかしさきほど述べたように、こうした重い選択はけっして典型例ではありません。日々の選択のほとんどは軽く、この軽さが基調となってこそ、重い選択の特性が見えてきます。幸福の問題を考えるうえでは、軽さを無視することは絶対にできません。

日々の軽い選択のなかでは、共振はしばしば生じます。人間という生物は、それを可能にするだけの合理的知性をたしかにもっており――ある一つの選択を通して複数の問いに答えられるだけの――それはあまりに身近なために、普段はほとんど意識すらされません（さきほどの朝食の例でもそうでしょう）。まずこのことを前提としなければ、幸福についての見解はきわめて偏ったものになってしまいます。

現実の重い選択において共振を諦めざるをえないとき、実際に何が問題となるかを選択者の目から考えてみましょう。その際、快楽と欲求充足との二択は、あまり現実味がありません。「贋作」や「画家」のような例（→本章：ホワイ・ビー・ハッピー）は、選択者の外の視点を入れることで、快楽と欲求充足をずらしているからです。選択者の視点に留まろうとすると、想定はずっとぎこちないものになります（たとえば錯覚による快楽を選んだ場合、選択後にその記憶――錯覚であることの記憶――は消される、といった条件を加えるなど）。

重い選択で葛藤を生むのは、快楽と欲求充足の二択ではなく、むしろ、ある欲求―快楽のセットと他の欲求―快楽のセットとの選択でしょう。つまり、共振を放棄する必要はなく、あるセットにおける共振と、別のセットにおける共振のどちらを選ぶかが問題となります。この選択を悩ましいものとするのは、いずれの欲求についてもそれが確実に実現するとは限らない点であり、人生の進路決定の悩みは基本的にこの不確実性にあります（→本章：軽さと重さ）。

重い選択において共振の放棄が求められる典型は、ある欲求―快楽のセットが、客観的リストのある項目と対立するケースです。ある主観的な欲求―快楽を選べば、ある客観的な人生のよさを諦めざるをえず、他方、ある客観的な人生のよさを選べば、ある主観的な欲求―快楽を諦めざるをえない状況。この対立がとくに悩ましくなるのは、諦めた側の幸福の要素がたんに失われるだけでなく、その喪失の先に在る不幸が展開していきそうな場合です。たとえば、ある客観的な人生のよさを諦めることが、その後、ある客観的な不幸を招くことが予想されるとき。

こうした意味での共振の放棄が、重い選択にともないうることを私は認めます。しかしそのことは、快楽、欲求充足、客観的な人生のよさのすべてが幸福の要素であることと矛盾しませんし、これらがしばしば共振するという自然史的な事実とも矛盾しません（→本章：共振の事実）。そして、繰り返しとなりますが、重い選択は一回性ゆえの具体的な細部に満ちており、たとえ主観と客観の共振を放棄せざるをえない場合でも、主観的幸福と客観的幸福の一般的比較が重要なのではありません。

集団の幸福

年長者が若者より必ず優（まさ）っている、と言える特性はないでしょう。とはいえ、ある客観的な人生のよさを諦めることが、その後どのような客観的不幸を招きそうか

——、その見積もりに関しては年長者にしばしば一日の長があり、それが「説教」の拠りどころとなります。つまり、若者の示したある欲求―快楽のセットに対し、そのセット自体の悪さというより、それを選ぶことで招きかねない客観的不幸の存在が指摘されるのです。

　客観的リスト説の「客観」の意味を再考してみましょう。さきほど私は、客観的リストと言われているものは、実質上、公共的リストにすぎないと述べました（→本章：客観的リスト）。つまり、大勢の人々の支持を得たアイテムがそのリストには含まれているのであり、公共性に依らない客観的実在性は、アイテムの選定に関与していません。

　さらに第2章にて私は、こんなことも書いています。「実在論的な観点においては、だれも悪いと思っていない行為が本当は悪いということがありえて、たとえば左足から靴を履く行為は実在論的にはきわめて悪い、ということさえ論理的にはありえます。しかし、たとえそんな悪（あるいは善）があったとして、そんなものは私たちの実際の生活に何の関わりがあるでしょうか」（→第2章：「善悪」の意味）。幸福の客観的リストについても同様、だれも理解できない「本当の幸福」は——もし客観的に実在したとしても――私たちの生活に影響を与えません。

第2章の最後では幸不幸の正邪化（「幸不幸」の対の道徳的規範化）を問題にしましたが、そこで見出された規範性は明らかに、客観的リスト説の規範性と重なっています。すなわち、ある公共的な人生のよさを「客観的」な幸福の要素と見なし、それをあたかも客観的実在性をもった――多数決に依らない――価値であるかのように広めることで、客観的リストに依拠した「説教」は社会を一つに束ねていくのです（そして、社会が均質化することで「説教」はさらに公的な力を増します）。

ここで私たちは「集団の幸福」と呼びうるものについて、直観的な賛否を下さずに考えてみる必要があります。幸福の三説をめぐる議論は通常、ある個人にとっての幸福をめぐる議論として進められますが、個人ではなく、ある社会集団――広義の「イエ」や「ムラ」など――を問いの対象としたならば、幸福への考察は様変わりします。

進化生物学（進化論を基礎とした学際的な生物学の分野）の優れた知見の一つは、ある個体が自分の血縁を増やすとき、その個体自身が「良い目」をみることは必ずしも求められないというものです。「良い目」とはつまり、恵まれた環境下で繁殖したり長生きしたりすることですが、自分と近い遺伝子をもった子孫を増やすうえで、自分が「良い目」をみることは必須ではありません。たとえば働きアリのように、自らは繁殖をせず、女王アリ（自分の母親）の繁殖を助ける――そうして自分の妹を増やす――ことで、自分の血縁を増やす戦略もありえます（ある一匹の働きアリから見ると、自分の子どもよりも自分の妹のほうが、自分により近い遺伝子をもっています）。

人間の生態は複雑であり他生物の生態からの安易なアナロジーは禁物ですが、しかし人間の場合でさえ、自分の属する集団を存続・拡大するために自分自身が「良い目」をみることが必須ではないのはたしかでしょう。自分以上に一族や組織を発展させてくれそうな仲間の「繁殖」のために、自分が犠牲になる事例は珍しくありません。人間の場合、ここでの「繁殖」はたんに血縁者の増大だけでなく、自分の属する集団を利する組織的・権力的な拡大を含みます。私が念頭に置いているのは、たとえば、ある貧しい「イエ」でもっとも有望な子どもを大学に通わせるために、他の兄弟姉妹が進学を諦め働きに出るような事例です。

誤解のないように付け加えるなら、人間集団におけるそのような事例に私は賛成しているわけではありません。しかし、倫理的な賛否とは独立に、そうした事例は今後も容易には消えないはずです。なぜなら、その種の傾向をもった集団の存続確率が高く、そうでない集団の存続確率が低い、といった状況は多数あるからです。戯画(ぎが)的な例として、煩悩(ぼんのう)をすっかり消すことに成功した、小さな仏教徒集団を考えてみましょう。一人ひとりのメンバーは「幸福」かもしれませんが、生殖の意味でも組織拡大の意味でも「繁殖」の煩悩を彼らがもたないなら、その集団はいずれ消えてしまいそうです。

客観的リスト説における公共的リストは、社会集団の存続に部分的に加担するものです。現にできあがった社会の内部から見るなら、その加担は恣意(しい)的な「説教」ではなく、社会維持のための「教育」として現われます。そのため、客観的リスト説は実は意外なことに、人々が幸福になるべき理由を説明するものであるとともに、ある個人がときに――集団のために――不幸になるべき理由を説明するものと言えます。にもかかわらず、それが幸福の客観的リストとして提示されるのは、集団の幸福のためにある個人が不幸になることは、その個人にとってさえ「本当は幸福」なのだと、私たちに信じ込ませるためでしょう(→第2章:実在と規範)。

恋愛のようなもの

ある程度の年齢を過ぎると、先述の意味での「若者」と「年長者」が一人の人間の心にも居付きます。一人二役で、欲求を語り、そして説教をするようになるのです。いつも説教に従ってばかりでは人生はつまらないものになりますが、どのタイミングでそれを無視すればよいかの一定の指針はありません。実際の年齢がいくつであるにせよ、説教を無視してうまく行くときは行きますし、うまく行かないときは行きません（ですから、無視してうまく行った人の成功談はさほどあてになりません）。

ところで、そうした選択のなかには、ある異質な選択があります。うまく行くということがそもそも意味をもたないような、つまり、より良い未来のためではない異質な選択があるのです。

「恋愛論」という題のエッセイで、作家の坂口安吾はこんなことを書いています。

> 恋愛というものは常に一時の幻影で、必ず亡び、さめるものだ、ということを知っている大人の心は不幸なものだ。

若い人たちは同じことを知っていても、情熱の現実の生命力がそれを知らないが、大人はそうではない、情熱自体が知っている、恋は幻だということを。

年齢には年齢の花や果実があるのだから、恋は幻にすぎないという事実については、若い人々は、ただ、承った、ききおく、という程度でよろしいのだと私は思う。

ほんとうのことというものは、ほんとうすぎるから、私はきらいだ。死ねば白骨になるという。死んでしまえばそれまでだという。こういうあたりまえすぎることは、無意味であるにすぎないものだ。

教訓には二つあって、先人がそのために失敗したから後人はそれをしてはならぬ、という意味のものと、先人はそのために失敗し後人も失敗するにきまっているが、さればといって、だからするなとはいえない性質のものと、二つである。

恋愛は後者に属するもので、所詮幻であり、永遠の恋などは嘘の骨頂だとわかっていても、それをするな、といい得ない性質のものである。それをしなければ人生自体がなくなるようなものなのだから。つまりは、人間は死ぬ、どうせ死ぬものなら早く死んでしまえということが成り立たないのと同じだ。

（『堕落論』、角川文庫、一九〇―一九一頁）

自分の内なる年長者の説教をいつ無視すべきかと問う間もなく、自分の「現実の生命力」によって、すでに無視してしまっているとき、その人は異質な選択をしています。安吾が恋愛について述べていることは、いわゆる恋愛だけでなく、「それをしなければ人生自体がなくなるような」幻影のすべてにあてはまります。いや、むしろ、安吾の言う「恋愛」とは、この「幻影」の比喩なのです。それは、「他者だけでなく未来の自分にさえ」、それが美だと分からない美への耽溺（たんでき）であり（→第2章：正邪化と逸脱）、そして、前後の物語をもたない一枚の画による、人生の切片の支配です（→第4章：死と鑑賞）。

他者や未来から切り離された、幻影による、人生の一部ではない「幸福」。この異様な幸福について、なぜそれを得るべきかと問うことは、おそらく馬鹿げているでしょう。この意味での幸福をだれもが手に入れるべき理由などありません。かえって客観的観点からはそれを避けるべき理由が多くあり――客観的不幸を招きやすい点で――だからこそ、その異様な幸福は人生の一部に含めがたいものです。

本書のここまでの話を読まれて、幸福とは結局何なのかと問われる人のいないことを願います。「幸福とは……であり、そして……のみである」のような定義のもとで「幸福」という言葉を用いることは、「幸福」の実際の用法に合いません。しかし私たちは、幸福とはたとえば何なのかを述べることができますし、そうした諸幸福がなぜ幸福の一面であるのか、そして、そうした諸幸福のバランスをいかに取ればよいのかを――本書で実際に行なってきたように――さまざまに考えることができます。

そのうえであえてひとことで述べれば、幸福とは、先の立体構造における多数の「共振」の集合です。快楽だけでも欲求充足だけでも、そして客観的な人生のよさだけでも、幸福を得ることはできません。ある一つの行為選択が、立体構造における複数の問いに同時に答えること。つまり、一階における「何」の問いから、二階、三階での「なぜ」の問いまでが、共振のもとで一挙に答えられること（→本章：共振の理由）。幸福の基礎にはこれがあり、もし、それを積み重ねていけたなら、「幸福な人生」と呼んで差支えないでしょう。しかし、この答えに言いようのない欠落を感じる人がいるとすれば、その人は今まさに、何か恋愛のようなものを前にして、共振を放棄しつつあるところかもしれません。

第7章　幸福はなぜ哲学の問題になるのか
——あるいは『モナドの領域』について

慄然の感覚

本章だけは内容に合わせて「である」調で書くことにしたい。〈はじめに〉の末部で述べた通り、この本は前章でいったん閉じている（すべての方が必ずしも本章を読む必要はない）。以下はいわば、この本を純然たる哲学書として——入門書でも随筆集でもなく——読み直すための短い補遺であり、本書への自己解説にもなっている。とはいえ、筆者からの願いとしては、本章を他章より先に読むことはぜひ避けて頂きたい。そうした読み方は他章の理解を頭でっかちに歪(ゆが)めてしまうだろう。

本書にはさまざまな話題が一見乱雑に出てくるが、ある一つの問題意識のもとで、それらの多くは選定されている。その問題意識とは、この現実の世界——とりわけ現実の「今」――を他の諸可能性と対比するとはどういうことか、というものだ。第2章の叙述においてそれはとくに明らかであるが、注意深く見ると他のどの章においても、この問題意識が維持されていることが分かる（たとえば第3章だけを見ても、〈育児の個別性〉〈比較による幸福〉〈自然な未来〉などの節がそうである）。

この世界が現実である以上、この世界がこのように在ることは、他の諸可能性によってけっして揺るがされない。この世界が別様でありえたらという思考は現実世界内でなされるのであり、それもまた現実の一部である。たとえＳＦのパラレルワールドのように世界が複数あったとしても、それらはそれぞれの世界にとっての現実であるにすぎず、この世界がこのように在ることは他の世界の在り方にまったく影響されない。仮に私そっくりの人物が――デイヴィド・ルイスの言う「対応者」としての私が――別の世界で幸福になろうと、そのことがこの現実の私に何の関係があるだろうか（いくつかのパラレルワールドを人物が行き来するＳＦがあるが、あれは厳密には、世界が複数あるのではなく、一つの世界が複数に仕切られているだけである）。

哲学史的に言えば、ここにあるのは可能世界意味論における現実主義／可能主義の対立であるが、それについては別著に譲る。単純かつきわめて重要なのは、現にこの世界にいるわれわれにとって現に在るのはこの世界だけでありながら、にもかかわらず、他の諸可能性への思考がわれわれの生を根底から支えているように見えることだ。たとえばネーゲルの事例における「彼」は（→第2章：手をたたく）、現時点での彼の在り方だけでなく、反事実的な諸可能性——彼が怪我によって退行せず聡明な大人として生きていた可能性——との対比のもとで、その生の意味が定められている。すでに確認したように、彼の心の内部だけでは彼の幸不幸は決まらない。現在の彼の心がどれほど喜びや快で満たされていたとしても、他の諸可能性との対比のもとで、彼は不幸であるかもしれない。

『時間と自由意志』（筑摩書房、近刊）という本の執筆中——十年ほどの期間——現にこの世界が在り、それだけが在る、という事実は、私をしばしば慄然（りつぜん）とさせた。まったく単純な事実として、現実以外の諸可能性は見えず、有益な確率法則も反事実的可能性とは何かを存在論的に説明することはない。たとえばコインを投げて表が出たとき、裏が出る可能性が2分の1だったとして、そこには多様な解釈がありうる。それは、類似した状況で何度もそのコインを投げると半々の割合で表・裏が出るということなのかもしれないが、もしそうならば実際に表が出ているとき——

まさにその時点において——裏が出ている可能性はない。あるいはそれは、コインの表が出ている諸可能世界と裏が出ている諸可能世界が半々の比率で存在することなのかもしれないが、もちろんわれわれは複数の諸可能世界など見たことも触れたこともない。

反事実的可能性とは何か——、この疑問は時間の流れを考えるとき、より複雑なものとなる。私たちはしばしば歴史を、未来に向かって可能性が分岐した樹形図のようなものとして思い描くが、時間の推移に従って「諸可能性の一つが選ばれていく」とは、厳密にはどのようなことなのか。そして、この今が現実に今であるとき、それ以外の「可能だった今」は（すなわち樹形図のなかで選ばれなかった枝は）、どのような意味で「在る」と言えるのか。

多くの先行研究をふまえてこの問題を掘り下げていくと、前掲の拙著で詳述したように、ある特殊な意味での「必然」か「偶然」に行き着く。〈諸可能性の樹形図は存在せず、歴史は一通りの可能性しかもたない〉という意味での「必然」か、〈諸可能性の樹形図は存在するが、どの枝が現実化していくかについてはつねに説明不可能性が残る〉という意味での「偶然」のいずれかに。そしてどちらが真実だとしても、未来の諸可能性を自由に「選ぶ」主体を明確化することはできなくなる。

これはわれわれの常識と真っ向からぶつかる知見だと言ってよい。反事実的な諸可能性や未来の諸可能性がもしなかったら――。あるいは在ってもそれらを「選ぶ」主体が存在しなかったら――。ここに生じる〈慄然の感覚〉と一定の折り合いを付けることが、前掲の拙著と並行して本書を書いた私的な理由だ。現にこの世界しか存在せず、それ以外の諸可能性などないなら、この現実を他の諸可能性と比べて幸不幸を見出すのは奇妙である。そして諸可能性の「選択」について、満足、後悔、感謝、憎悪などの心情をもつのもおかしなことだ。しかしわれわれは実際にそのようなことをする生物なのであり、それが錯覚によるものであれ、この錯覚は強い客観性をもつ。

いわばその錯覚は、もし人間がそれを脱したなら人間でなくなるような錯覚であり、それゆえ真っ当な生活者にとっての「現実」はむしろその錯覚内に在る（前掲拙著、第4章）。本書はそちらの「現実」の側から幸不幸を描いた本であり、同時にそれが錯覚かもしれないと意識した叙述を含んだ本だ。幸福はなぜ哲学の問題になるのか――、それはいま見た錯覚のなかに幸福と不幸が在るからであり、そしてその錯覚は上記の通り人間にとっての「現実」だと言える。ある錯覚の内部から、それが錯覚であることとその外部のなさ——それ以外の現実などないこと——を同時に描き出すことは哲学ならではの営みと言ってよい。そこでは「錯覚」という言葉はすでに否定的な意味をもっておらず、むしろその錯覚が満たすいくつかの条件は、「現実」が満たすべき条件とさえ見なせる。

相互浸食

主観的幸福と客観的幸福の比較は本書にとって重要なテーマだが、先述の意味での錯覚がこの比較をより興味深いものにしている。客観から主観への抑圧がたんに集団から個人への抑圧にすぎないなら、話はとても単純だろう。だが本書の各所で見た通り、客観的幸福における「客観」には、この私だけでなく、この今、この現実世界を超えた領域に関与するといった意味合いがあり、柏端達也氏の表現を借りてより正確に述べれば、客観的幸福は「主体外在性」だけでなく「時間外在性」や「世界外在性」をもつ（→第2章：幸福の外在性）。そして私を教育するものとしての他者は、集団の利益だけでなく、この今を超えた時間（もっぱら未来）と、この現実を超えた諸可能性に訴えることで、私の主観的幸福のあり方を律する。

他者から課されたこの規範性は、時間をかけて私を浸食し、私の内なる「年長者」を育てる（→第6章：恋愛のようなもの）。つまり客観的幸福は私的なよさにも寄与するのであり、その事実を知りえた私は、他者、他時点、そして反事実的可能性の存在を自明として生きる「私」となっている。言い換えるなら、私の他者――たとえば私の親族・組織・国家――や私の未来に奉仕し、この現実を私の反事実的可能性と対照して生きる「私」に、である。だからこそ、客観的幸福の教説はしばしば「あなたのため」のものとして提示され、事実それは、その教説を血肉化することのできた「私」にとって、たしかに「私のため」のものとなりうる。ここに欺瞞を見出すことはたやすいが、他方で、そうした欺瞞から完全に脱することができるほど、ほとんどの人間は強くは（非情では）ない。

「私」の幸福はこの意味で客観に侵食されているが、それがたんなる抑圧でないのは、逆方向の浸食もすでに始まっているからだ。私と他者の比較の向こうに、私と反事実的「私」の比較があること（→第3章：比較による幸福）。そして、客観的リストの具体化が、けっきょくは公共性（間主観性）に訴えざるをえないこと（→第6章：客観的リスト）。これらの事実に導かれるかたちで、主観もまた客観を浸食する。クリストファー・ウッダートは独自の分類のもとで、次のような可能性を確保した。幸福への枚挙的質問に対し、体験や欲求充足を要さない客観的事物を挙げると同時に、幸福への説明的質問に対し、主観説をとる可能性を――（→第6章：三階の問い）。論理的な組み合わせのなかには、たしかにこの可能性がある。しかしここで具体例を挙げようとすると、適切な例が容易には浮かばず、一見「客観的事物」であるものが主観の浸食を受けていることに気づく。

「幸福とは何か」という問いへの返答が、人それぞれのものだといった返答を含めて、反発を避けられないのはなぜか。それは、主観的幸福と客観的幸福をただ二分することはできず、その主観性の内には客観性があり、客観性の内には主観性があるからだ。人それぞれと真に言いうるような主観的幸福など初めからなく、私的な利益と真に無縁な客観的幸福というものもない。前者にあえてこだわるとすれば、それは人それぞれであるに留まらず、諸時点それぞれ、諸可能世界それぞれに真に切片化されたものとなり、他との比較をいっさい要さない、むき出しの現実への耽美となる。第2章末部では「邪なる幸福」、第4章末部では「鑑賞」、そして第6章末部では「恋愛」という表現でこの奇妙な耽美を描いたが、それらはどこまでも比喩にすぎず、切片化においても不完全なものである（不完全だからこそ比喩が成り立つ）。

われわれをじっさいに悩ませるのは、たとえば、家族の介護をするためにやりたい仕事を諦めるべきかといった、生々しく正答のない問いだろう。そしてこうした問いにおいては、主／客の区別はしばしば明確ではない。自分の快につながるものが「主観」でそうでないものは「客観」といった区別や、社会的成功につながるものが「客観」でそうでないものは「主観」といった区別は、ずさん過ぎてほとんど役に立たない。主観的幸福と見えるものにどれだけ客観の浸食があり、客観的幸福と見えるものにどれだけ主観の浸食があるかを見定め、主／客の双方を生き延びさせる――そのために双方の一部を捨てる――道を探すことが各自に求められる。

主／客の相互浸食を「学」として巧みに結実させたのが、アリストテレスの倫理学だろう。幸福（エウダイモニア）を形成する諸活動（エネルゲイア）は潜在的可能性の現実化である。現実世界における活動のよさは、反事実的にその活動が無でありえたことを重要な拠りどころとしている（反事実的可能性への眼差しがここにもある）。

ときに「エリート主義」と称されるアリストテレスの倫理学であるが、それがただのエリート主義でないのは、称揚（しょうよう）される客観的「上昇」の内に——活動と徳の相補性のもとで——主観的「充足」が織り込まれているからだ（→第1章：活動か作業か）。たんに目で物を見ることや浜辺に快く寝そべることでさえ「私」の徳による活動だと言えるのは、「私」の内にある諸可能性の開花が、客観的成功への寄与に留まらない、それ自体としての「よさ」をもつためである（→第1章：活動の価値づけ）。『ニコマコス倫理学』のこうした側面を無視して、それを強者の倫理学としてのみ読むなら、同書の価値は損なわれるに違いない。

　第6章で見た「共振」の議論は、本節の考察を経たあとで、違った相貌を見せるだろう。日々の軽い選択において「共振」がしばしば可能であるのは、人間という生物にとってのいわば自然史的な事実であった（→第6章：選択者の目から）。だがこの事実に加えて、われわれはときに重い選択についても——選択肢自体をいったんバラして——選択の軽量化を計ることがある。つまり、「共振」不可能な重い選択をそれなりの「共振」をともなう中量級の選択に置き換え、主観と客観の折衷を試みることが。

「共振」不可能な選択を青年の選択と見なすなら、中量級への加工を経た選択は、いわば中年の選択である。ここで言う「青年」と「中年」の区別は、じっさいの年齢と直結しない。若くして中年の選択に向き合わざるをえない環境もあれば、老年まで青年の選択と向き合うことのできる環境もある。「青年」より「中年」がとくに高級ということはないが、さまざまな重荷から中年の選択を早期に求められた人々にとって、青年の選択が幼く見えるのは――他方で「青年」の環境に嫉妬するのは――やむをえない。村上春樹氏の小説に対する一部読者の強い反発を見ると、私はときに、このことを考える。

神と遊戯

筒井康隆氏の長篇小説『モナドの領域』（新潮社）は、ライプニッツ由来の可能世界論をその発想の基礎に置いており、世界の創造主たる神と虚構の創造主たる作家――筒井氏本人――の並行性を暗示することで、諸可能世界の住人と諸虚構の読者たるあなたの並行性をも示す作品となっている。具体的には、ある老教授の肉体を借りた「ＧＯＤ」と呼ばれる神的存在が、その全知全能を周囲に少しずつ披瀝（ひれき）していくさまが、殺人事件や裁判のような道具立てを駆使して描かれている。

同作の小説としての面白さには疑いがなく、その面白さはけっして哲学・神学・文学上の理論に寄りかかったものではない。この点と関連することだが、同作は、熟練した省略の技術のもとでＧＯＤを一筆書きで描いたものであり、それゆえ、作中でのＧＯＤの発言の細部を否定していくのはあまり生産的ではない。そもそもＧＯＤは、その虚構的役割からいっても、わざわざ人間に分かる言葉で正しいことのみを述べる必要がない。むしろ、断片的な正しさを通して超言語的な正しさを透かし見せることがその役割であり、だからこそＧＯＤは擬似的な人格を携えて現出している（ＧＯＤそのものは人格をもたず、後述の意味で、厳密には「創造」さえしない）。

なぜ同作に触れたかといえば、先述した「錯覚」への洞察がＧＯＤの言動に見出せるからだ。カート・ヴォネガットの描く異星人のように、ＧＯＤはこの宇宙の全歴史を一挙に（時間眺望的に）見通しているが、それだけでなく、ライプニッツの描く神のようにすべての諸可能性をも一挙に（様相眺望的に）見通している。ＧＯＤは世界の創造主であるが、ここでの「創造」との表現は比喩であり、ＧＯＤは世界を時間的・因果的に——諸可能性を未来向きに選んで——創り上げたのではけっしてない。GODは同作における「現実」世界を、他の諸可能世界（そこには読者の「現実」世界も含まれる）とともに一挙に創ったのであり、この「一挙」は一瞬という意味を離れた無時間的／時間眺望的な「一挙」である。

　だからGODは自由意志をもたないし、より正確には、自由意志をもつとかもたないとか言うこと自体が不可能な領域にいる。その領域こそが「モナドの領域」であり、そこでは何も「選択」されないし、何も「意図」されないし、厳密には何も「創造」されない。すべての諸可能世界は在るように在り、そこには時間推移がなく、変化もなく、消失もない。GODという主体が何かをしているというかたちで、つまり人間的「錯覚」のなかでわれわれはGODを人格として捉えるが、これは神の擬人化であり、この擬人化によって取り逃がされるものの存在を示す点にこそ、同作の著者の企みがある。

　こんなことをなぜ言い切れるかといえば、こうした読みを裏づける叙述が同作に散在しているからだ。存在するものはすべて美しく（単行本、八〇頁）、戦争さえもその例外でないのは（一三八頁）、そもそも存在すること自体が——1+1=2の真理性と同様の――目的なき真理性をもつためである（一七九頁）。そしてGODは、ライプニッツによる神の描写と異なり、より美しく、より善なる世界を一つ「選択」して現実世界を創ったのではない。そうではなく、すべての諸可能世界はそれ自体として真理ゆえの美と善――人間にとっての美と善でなく――をともない、同じことだが、それらをともなうからこそ諸世界として存在する。これらの諸世界はどの世界から見てもそこが「現実」の世界であり（一九〇頁）、同作にとっての「現実」にしろ、あなたのいる「現実」にしろ、より美しく、より善なるものとして「選択」されたからそこが「現実」なのではない。

小説のクライマックスでGODは「愛する」という言葉を用いるが、ここではGODの前面に作家としての筒井氏が現れている。そのことによって同作は物語的なカタルシスを得るが、これが「神の擬人化」であり、読者への一種のサービスであることを、著者は十分承知しているだろう。つまりこの「愛する」は比喩であり――「創造」と同様――それが比喩であらざるをえないことを、GODにこんな口癖を与えることで、著者は読者に示している。「祝福してあげたいが、あいにくわしは祝福ということをしない」（一六八頁）。諸世界における存在はどれも、それ自体としての真善美を併せ持ち、ある存在を他の諸可能性と比して「祝福」することはまったく意味をなさない。

九鬼周造は『偶然性の問題』（岩波書店）において、「神」という語を使用せずに、現実の形而上学的創造者を描いた。彼は的確にもその何かに理性や善性を付与することをせず、その偶然的創造を「遊戯」と呼ぶに留める。「それ」はGODと同じく、何かをしている主体ではなく、だからといって他の主体から何かをさせられる客体でもない。何かをしたり、させられたりするための、諸可能性の選択がそこにはない。ゆえに厳密には「それ」は偶然性とも無縁で、必然と偶然という対概念が——あるいは自由と不自由という対概念が——成立する以前の場所にいる。こうした「それ」の振る舞いを「遊戯」と呼んだのは美しい比喩であり、これを真似るなら、GODは筒井氏とともに「モナドの領域」でただ「遊戯」している。

本節はおそらく、本当に限られたひとにしか意味の伝わらない内容を含んでいる。しかし、それが伝わったひとにとってはまず間違いなく示唆的な節であり、本書と『モナドの領域』の双方に対して、もう一冊の別の本をそこに読み取らせる力をもっている。もし自分がその一人だと思われた方は、前掲の拙著に加え、ぜひ下記の著書にもあたって頂きたい。これらはどれも、諸可能性への「錯覚」とその錯覚の外部のなさをともに読者に示すものであり、同時に、その錯覚のなかにしか存在しえない幸福と不幸を——そして祝福を——再認させるものである。

『あるようにあり、なるようになる——運命論の運命』、入不二基義、講談社。

『あなたは今、この文章を読んでいる。——パラフィクションの誕生』、佐々木敦、慶應義塾大学出版会。

『〈私〉の哲学 を哲学する』、永井均＋入不二基義＋上野修＋青山拓央、講談社。

『夢の木坂分岐点』、筒井康隆、新潮社。

おわりに

私が本書を書いたのは、いまでなければこの本を書くことはできないと感じたからです。私は現在四〇代ですが、これは微妙な年齢であり、六〇代から見ればまだ若造で、二〇代から見ればもう年寄りです。社会のさまざまな場面によって求められる役割が大きく異なり――目下になったり目上になったり子になったり親になったり――そして、過去の成功体験だけで幸福を語ることも、未来への夢だけで幸福を語ることもできません。しかし逆に言えば、結果論にも夢物語にもならずに幸福について考えることのできる、望ましい年齢であるとも言えます。

本書を書いた動機には、さらに個人的なものがあります。私は本書を書いているあいだ、人間の自由意志についての別の本（『時間と自由意志』、筑摩書房、近刊）を書いていたのですが、二冊を同時に書くことで、思考のバランスを取ることができたのです。というのも、本書が私の「人間」の部分で書かれた本であるのに対し、もう一冊は、何か非人間的な真実に近づいて行こうとする本であり、一方を書くことによるバランスの乱れを、他方を書くことがしばしば正したからです（→第7章：慄然の感覚）。その意味で本書は私にとってたしかに有益な本でしたが、読者の方にも何らかの意味で有益な本であることを願っています。

本書草稿の全体に対しては、哲学研究者の山口尚さんと編集者の赤井茂樹さんより——そして一部の節に対しては、入不二基義先生、江口聡先生、柏端達也先生、永井均先生（および日本大学・永井ゼミ参加の皆様）、脇條靖弘先生（および山口大学・時間学セミナー参加の皆様）より——有益なコメントを頂きました。さらに、山口大学時間学研究所にて主催した時間学国際シンポジウム「幸福とは何か」では、大石繁宏先生とミシェル・ドボアシュ先生にご講演頂き、本書執筆への刺激を受けました。上記の皆様に、この場を借りて感謝を申し上げます。

著者略歴

青山拓央（あおやま・たくお）

一九七五年生まれ。現在、京都大学大学院人間・環境学研究科教授。哲学の観点から、とくに時間・言語・自由・心身関係を考察。慶應義塾大学より博士（哲学）を取得。県立浦和高校、千葉大学文学部、同大学院博士課程、日本学術振興会特別研究員、山口大学時間学研究所准教授などを経て現職。二〇〇六年、日本科学哲学会より第一回の石本賞を受賞。二〇一一年、文部科学大臣表彰科学技術賞を研究グループにて受賞。おもな著書に『時間と自由意志——自由は存在するか』（筑摩書房）、『分析哲学講義』（ちくま新書）、『心にとって時間とは何か』（講談社現代新書）、『新版 タイムトラベルの哲学』（ちくま文庫）など。

幸福はなぜ哲学の問題になるのか

二〇一六年九月二五日　初版第一刷発行
二〇二四年四月一一日　初版第二刷発行

著者　青山拓央

装幀・造本　有山達也＋岩渕恵子（アリヤマデザインストア）
装画　ワタナベケンイチ
発行人　森山裕之
発行所　株式会社太田出版
〒一六〇―八五七一　東京都新宿区愛住町二二　第三山田ビル　四階
電話　〇三―三三五九―六二六二／FAX　〇三―三三五九―〇〇四〇
振替　〇〇一二〇―六―一六二一六六
WEBページ　http://www.ohtabooks.com
印刷・製本　中央精版印刷株式会社

ISBN978-4-7783-1535-1 C0095

homo Viator ………路上の人

homo Viator

國分功一郎

暇と退屈の倫理学　増補新版

よろこばしい生き方と哲学は、まっすぐにつながっている！「人はパンがなければ生きていけない。しかし、パンだけで生きるべきでもない。私たちはパンだけでなく、バラももとめよう。生きることはバラで飾られねばならない」。「暇と退屈」というありふれた経験から発して、明るくはつらつとした人生を探す、知的な冒険旅行への招待。増補新版のための書き下ろし論考「傷と運命」33枚！「この本は俺が自分の悩みに答えを出すために書いた」（著者）

B6判変型／440頁／1,200円＋税

梶谷 懐

日本と中国、「脱近代」の誘惑　——アジア的なものを再考する

日中・東アジアの現在と未来を語った渾身の論考。日中の安全保障上の緊張と、いま復活しつつある脱近代の思想「アジア主義」は無縁ではない。グローバル資本主義にかえて「脱近代による救済」を訴え、「八紘一宇」や「帝国の復権」があからさまに語られる時代が来た。「現在の東アジア情勢において、近代的な価値観の多元性を前提とした問題解決を図ることこそ最重要の課題。しかし、これまで日本が取ってきた「一国近代主義」の限界が次第に露呈しつつある」（本文より）

B6判変型／360頁／2,200円＋税

山本貴光＋吉川浩満

脳がわかれば心がわかるか　——脳科学リテラシー養成講座

無意識のバイアス（認知の偏り）を暴きだす行動経済学の知見や、数度目のブレイクスルーを迎えた人工知能研究は、人間の自己認識と社会のあり方を根底から変えつつある。しかし、それは心脳問題の解決を意味しない。心脳問題は私たちの心と身体をめぐるもっとも根本的な哲学問題であり、これから何度でも回帰してくる。はんらんする脳科学・脳情報に振り回されず、「脳の時代」を生き抜くための処方箋を示した、平易かつ本質的なマップ『心脳問題』から12年を隔てた増補改訂版（改題）。

菊判上製／320頁／2,400円＋税